UN PROPHÈTE INCONNU.

Imprimerie de Hennuyer et Cᵉ, rue Lemercier, 24. Batignolles.

UN PROPHÈTE INCONNU

PRÉDICTIONS,

JUGEMENTS ET CONSEILS

PAR

M. LE MARQUIS DE LA GERVAISAIS,

Avec une Préface et des Notes

PAR M. DAMAS HINARD.

A tous la vérité ! et rude et dure, comme elle apparaît
après le règne prolongé du mensonge ! et forte et ferme,
comme il la faut sous la menace de la catastrophe finale!
DE LA GERVAISAIS, *la Captive* (suite), p. 9.

PARIS.

LEDOYEN, LIBRAIRE, 31, GALERIE DORLÉANS

PALAIS NATIONAL.

1850

M. DE LA GERVAISAIS.

SA VIE ET SES TRAVAUX.

Un homme a vécu parmi nous, qui, doué d'une sagacité sans égale, a prévu, prédit, plusieurs années à l'avance, tous les événements qui se sont accomplis depuis plus d'un demi-siècle dans notre pays. Dès 1790 cet homme a prédit les excès, les folies, les crimes de la première révolution et le despotisme qui les a suivis. Sous la Restauration il a prédit la chute du roi Charles X, et l'envahissement de tous les pouvoirs par la Chambre de 1830. Plus tard, sous le gouvernement de juillet, il a prédit la chute du roi Louis-Philippe, l'avénement de la République, l'avénement d'un Napoléon, etc. Enfin, car il faut tout dire, cet homme, il y a quinze ans, prédisait, en indiquant les moyens de l'éviter, cette révolution sociale dont quelques esprits avaient seuls alors un pressentiment confus, et qui pèse aujourd'hui, comme une menace redoutable, sur la pensée de la France. Toutes ces prédictions, il les a consignées dans des écrits sans nombre imprimés, publiés ici à Paris, et qu'avec le zèle d'un

---

¹ Les œuvres de M. de la Gervaisais, réunies, formeraient au moins vingt-cinq volumes in-8º ; mais la collection complète n'en existe, je crois, nulle part. La plus complète, à ma connaissance, est celle de la Bibliothèque nationale.

bon citoyen, il distribuait généreusement, — pour qu'on n'en ignorât, — à tous ceux qui pouvaient avoir quelque influence sur la direction des affaires et sur la fortune publique. Et cet homme, personne avant nous n'a prononcé son nom! personne n'a parlé de ses ouvrages! personne n'a révélé son existence, dans cette capitale de la civilisation où les fabricateurs de gloires inventent chaque matin une réputation nouvelle, qui, après avoir brillé un moment, disparaît avec le soleil de la journée!.... Ainsi, M. de la Gervaisais, car c'est de lui que je parle, n'a pas été seulement un prophète méconnu, — il n'y aurait pas là de quoi s'étonner, c'est le sort ordinaire des prophètes, — mais, par une destinée tout à fait exceptionnelle, il est demeuré pour nous, même après tant de prédictions accomplies, un prophète inconnu.

Il y a peu de temps encore, j'ignorais moi-même, je l'avoue, jusqu'au nom de M. de la Gervaisais. Le hasard ayant fait tomber entre mes mains un de ses nombreux écrits, j'ai recherché et lu le reste. Et de plus en plus frappé de la supériorité de coup d'œil qui se révélait à chaque page, j'ai recueilli ces fragments pour faire connaître la pensée du publiciste prophète, en souhaitant, sans trop l'espérer, qu'il soit plus écouté après sa mort qu'il ne l'a été de son vivant.

Le lecteur sera curieux sans doute d'avoir quelques renseignements sur M. de la Gervaisais : je lui transmets ceux que j'ai pu me procurer. Je dois les détails les plus intimes à l'obligeance parfaite d'une personne qui porte dignement le même nom.

Nicolas-Louis-Marie MAGON DE LA GERVAISAIS naquit à Saint-Servan, dans l'ancienne Bretagne, le 17 juin 1765. Il eut pour père le marquis de la Gervaisais. Sa mère appartenait à l'ancienne et illustre famille des Labourdonnaye-Montluc.

Saint-Servan, où naquit M. de la Gervaisais, est, comme on sait, dans le voisinage de Saint-Malo qui devait, peu d'années après, donner à la France MM. de Châteaubriand et Lamennais. Quelle différence jusqu'à présent entre la destinée de M. de la Gervaisais et celle de ses deux compatriotes! A ceux-ci la gloire et tous les bruits qui la suivent! A celui-là, malgré tant de travaux obstinés, le profond dédain du public! Reste à savoir si la postérité plus équitable ne placera pas M. de la Gervaisais à côté des hommes qui ont illustré ce petit coin de terre où finit la Bretagne.

M. de la Gervaisais passa son enfance et sa première jeunesse moitié au collége de Saint-Malo, moitié dans un château patrimonial que sa famille possédait aux environs de cette ville. Il y avait dans le château une ample bibliothèque, et le jeune gentilhomme, passionné pour l'étude, dévora indistinctement tout ce qu'elle renfermait, sans en excepter les ouvrages philosophiques du dix-huitième siècle. Cette lecture exerça d'abord une certaine influence sur son esprit. Cela se conçoit. Avec quelque vigueur qu'on soit organisé, on commence toujours par subir les idées de son temps, sauf ensuite à les rejeter.

M. de la Gervaisais était par sa naissance destiné à la profession des armes; à l'âge de vingt ans, il entra en qualité de lieutenant dans les carabiniers de *Monsieur*. Envoyé en garnison dans je ne sais plus quelle ville, il eut l'imprudence de s'attacher à une dame fort coquette et fort légère, qui le fit beaucoup souffrir. Mais le sort réservait à ses ennuis un glorieux dédommagement. Le jeune officier, assez maladroit, à ce qu'il paraît, aux exercices du corps, ayant eu le bonheur de se fouler le pied en tombant de cheval, obtint un congé et, sur l'avis des médecins, se rendit aux eaux thermales de Bourbon–l'Archambault.

C'était au printemps de 1786. Je dois noter à part cette date qui, depuis, demeura toujours à part dans les souvenirs de M. de la Gervaisais.

Par une faveur du Ciel, à la même époque le prince de Condé vint aux eaux, et il n'y vint pas seul; il amenait avec lui la princesse Louise–Adélaïde de Bourbon, sa fille. Mlle de Bourbon, bien qu'elle n'eût plus quinze ans, comme elle dit elle-même quelque part, était charmante et de la figure la plus aimable. Mais son mérite surpassait encore les grâces de sa personne : c'était un esprit d'une délicatesse infinie, et une âme d'une pureté céleste. Ces qualités exquises étaient, il est vrai, difficiles à pénétrer. Mlle de Bourbon, privée de sa mère presque en naissant, avait passé son enfance et sa jeunesse au couvent de Beaumont-lez-Tours, et en quittant cette sainte retraite, elle avait rapporté dans le monde, nonseulement la piété et la modestie, mais la timidité, la réserve craintive et, pour ainsi dire, les voiles du cloître.

Malgré son caractère mélancolique, sauvage, *et*

même un peu farouche, M. de la Gervaisais , comme attiré par un secret aimant, se laissa présenter chez le prince de Condé : il vit Mlle de Bourbon , et l'adora. La princesse, de son côté , remarqua avec bienveillance le jeune officier breton dont l'air et les manières contrastaient si fort avec tout ce qu'elle avait vu à la Cour. Bientôt elle lui accorda sa confiance , et, grâce à la liberté qu'autorisait le séjour des eaux, elle lui permit de l'accompagner dans ses promenades. (J'oubliais de dire qu'en voyant Mlle de Bourbon M. de la Gervaisais s'était trouvé miraculeusement guéri de sa foulure.) Ils allaient donc ensemble dans la ville et hors de la ville. Le plus souvent, c'était pour visiter quelque famille malheureuse qu'on avait désignée à l'inépuisable charité de la princesse ; et M. de la Gervaisais la conduisait avec joie vers ces pauvres gens. En revenant de ces courses pieuses, de plus en plus séduit et charmé, il lui parlait de son inviolable attachement, de son respect, de son admiration. Elle, émue, l'écoutait sans lui répondre ; mais un jour enfin, moins timide , elle lui exprima en quelques mots « son dédain des vanités du monde et son dégoût des grandeurs.» Ce fut pour lui une révélation, presque un aveu : il sentit qu'il était aimé ! non pas assurément comme il aimait, d'un amour ardent, impétueux , mais de l'amitié la plus douce et la plus tendre : Mlle de Bourbon lui avait accordé une place dans son cœur, entre son père et son frère. Et bientôt, les voilà tous deux formant mille projets pour l'avenir : une habitation modeste, isolée ; une petite maison entourée de vignes , bien loin du bruit, bien loin du monde. Et en attendant que ce rêve se réalisât ; ils étaient heureux en espérance.

Après quelques semaines rapidement écoulées dans ces rêves délicieux, il fallut se séparer. Une seule chose put adoucir, pour M. de la Gervaisais, l'amertume de ce moment : Mlle de Bourbon lui promit de lui écrire.

Ces lettres de Mlle de Bourbon ont été publiées [1]. Je les ai lues, je les ai relues ; et à mesure que je les lisais de nouveau, je sentais davantage mon insuffisance à exprimer l'admiration que m'inspire la céleste créature qui les a écrites. Qu'elles sont belles, ces lettres, et touchantes ! Quel dévouement, quel oubli de soi, quelle complète abnégation dans ce cœur charmant ! quelle aimable piété ! quelle ravissante candeur ! et tout cela rendu avec une simplicité, une délicatesse et une grâce adorables ! Et quand on songe que ces pages si pures et si chastes ont été tracées à la fin du dix-huitième siècle, presque à la veille de 1789 !... C'est la voix d'un ange qui murmure doucement ses mélodies au moment où va gronder la tempête.

Pour le biographe de M. de la Gervaisais, ces lettres ont encore un autre intérêt ; elles le font connaître. Je ne veux pas le dissimuler : à l'époque dont je parle, M. de la Gervaisais était exigeant et grondeur ; cela, jusqu'à affliger Mlle de Bourbon. Mais ce qu'il exigeait, c'étaient des lettres, — des lettres bien fréquentes, bien longues ; et quel homme

---

[1] *Lettres écrites en* 1786 *et* 1787, publiées par M. Ballanche. Paris, Renouard, 1834, in-18.

à sa place n'eût pas montré la même exigence ?
Mais s'il grondait, c'était parce qu'il redoutait que,
dans son innocence naïve, la princesse ne fît quelque
étourderie qui la pût compromettre ; et qui ne l'ex-
cuserait d'avoir veillé avec un soin jaloux sur la réputation de celle qu'il aimait ? Ce que, pour ma part,
je serais plus disposé à blâmer chez M. de la Gervaisais, c'est que, vis-à-vis de cet ange, il se posait
en esprit fort, en philosophe. Cela n'est pas bien ;
mais il ne faut pas oublier non plus qu'il était né
dans le siècle de la philosophie, et qu'il avait vingt
ans. Puis, si *sa tête raisonne un peu trop*, son cœur
est droit et honnête ; et quand cet ange le gronde à
son tour avec indulgence, persuadé par une éloquence si aimable, il renonce à Voltaire, à ses pom-
pes, à ses œuvres, et revient à Dieu. — A tout
prendre, la correspondance de Mlle de Bourbon nous
donne la meilleure idée de M. de la Gervaisais : si
aucun homme sur la terre mérita jamais d'être aimé d'une telle femme, il ne fut pas indigne de cet
amour.

Quant aux péripéties qui marquèrent cette liaison,
les voici, — toujours d'après les lettres, — dans leur
extrême simplicité. Mlle de Bourbon vivait à Paris,
à Chantilly ou à Versailles, et M. de la Gervaisais
se trouvait en garnison à Rennes. C'était bien
loin ! Afin de se rapprocher de son amie, il té-
moigna le désir de quitter son régiment pour
entrer dans les Gardes françaises, qui faisaient leur
service à Versailles ou à Paris. Elle approuva cette
idée, et la soumit en tremblant à l'approbation du
prince de Condé. Le prince n'ignorait pas les sen-

timents secrets de sa fille ; mais, sûr d'elle, il accorda son assentiment à ce projet. Quand le prince de Condé eut consenti, il se présenta un opposant ; c'était le marquis de la Gervaisais, vieux gentilhomme plein de sens et d'honneur, qui redoutait pour son fils des amours si disproportionnés ; mais le chevalier de la Bourdonnaye-Montluc, oncle maternel du jeune officier, intervint, comme c'était son devoir d'oncle, en faveur de son neveu, et cet obstacle fut levé. Ainsi donc les jeunes amants vont se revoir !... Non ; des bruits fâcheux, des bruits indignes circulent à la cour sur les promenades de Bourbon-l'Archambault, et le prince de Condé, averti, renvoie à une autre époque, plus opportune, son entremise pour l'entrée dans les Gardes. Dépité de ce retard, l'amoureux officier demande un congé et vient à Paris. Soudain, comme on s'y attend, les propos, les commentaires recommencent de plus belle, et Mlle de Bourbon, qui se trouvait alors à Chantilly, écrit à son ami, en le suppliant de repartir au plus vite. Il obéit. Mlle de Bourbon est d'abord vivement touchée de ce sacrifice ; mais bientôt, jugeant de sang froid sa position et ses sentiments, elle a peur, elle craint de succomber : les scrupules, les remords même s'emparent de cette âme virginale ; elle perd le sommeil, sa santé s'altère ; elle est saisie à chaque instant de défaillances mortelles ; enfin, ne pouvant soutenir plus longtemps une si pénible lutte, elle prend une résolution héroïque, une résolution de Condé, et elle écrit à son ami pour lui dire un éternel adieu. Mais il faut la lire, il faut l'entendre elle-même.

« Oh! qu'il m'en coûte de rompre le silence que j'ai observé si longtemps! Peut-être vais-je affliger mon ami? Peut-être vais-je m'en faire haïr?... Haïr! oh ciel! Mais oui, qu'il cesse de m'aimer : ce que j'ai tant craint, je le désire à présent : qu'il m'oublie et qu'il ne soit pas malheureux. O mon Dieu, que vais-je lui dire! et cependant il faut parler, et pour la dernière fois... »

Mlle de Bourbon dit ensuite à son ami les douleurs qui la tuent, et elle achève ainsi :

« Oh! ne me haïssez pas! mais ne m'aimez plus; ne pensez guère à moi, si cela peut troubler votre vie; c'est votre *bonne* qui vous en conjure. Mais que penseriez-vous d'elle si elle agissait contre le cri de sa conscience? Est-ce que vous l'estimeriez? Tant que cette conscience ne m'a rien dit, j'ai suivi le penchant irrésistible qui m'attachait à vous : elle me parle maintenant, et me parle avec force; mon devoir est de l'écouter et de lui sacrifier jusqu'à mon bonheur. Mon bonheur! En est-il quand on a des remords? Oh! non, c'est un tourment inexprimable que de se faire des reproches à soi-même. Mon ami, mon tendre ami, oh! je ne puis retenir ces expressions : voilà la dernière lettre que vous recevrez de moi; faites-y un mot de réponse pour que je sache si je dois désirer de vivre ou de mourir : oh! comme je craindrai de l'ouvrir! Ecoutez : si elle n'est pas trop déchirante pour un cœur sensible comme l'est celui de votre *bonne, ayez, je vous en conjure, l'attention de mettre une petite croix sur l'enveloppe...* Adieu, adieu, mon ami, etc., etc. »

M. de la Gervaisais, je n'en doute pas, mit une

1.

petite croix sur l'enveloppe. Mais avec quelle douleur, avec quel désespoir, on le devine. Il aimait la
princesse Louise, non pas pour sa haute naissance,
— bien que, gentilhomme et officier, il ne pût pas
être insensible à la gloire d'avoir touché le cœur
d'une femme portant le nom de Condé, — mais il
l'aimait avant tout pour elle-même. Il l'aimait pour
sa beauté et sa grâce, pour les qualités ineffables de
son âme, dont il n'avait jusque-là adoré que la dou-
ceur, et dont maintenant il pouvait, hélas! admirer aussi la force. Il l'aimait d'un amour que ni le
temps, ni l'absence, ne devaient jamais altérer, et
qui, cinquante ans encore après, était resté comme
aux beaux jours du jeune âge, la première pensée
et le premier sentiment de sa vie.

En proie à une mélancolie profonde, l'infortuné
jeune homme donna sa démission et voyagea. Il
parcourut à pied la Suisse. Il eut là une aventure
que je ne saurais passer sous silence. Dans une de
ses courses, voyant une femme entraînée par l'eau
d'un torrent et au moment de périr, il se précipita
après elle, et fut assez heureux pour la sauver. En
témoignage de leur admiration et de leur gratitude,
les autorités du canton où cet acte de généreux dévouement s'était accompli, adressèrent au jeune
gentilhomme français une lettre de félicitations que
celui-ci, à son tour, envoya à ses parents, pour leur
montrer, sans doute, que ses chagrins ne l'avaient
pas rendu indifférent aux devoirs de l'humanité.
« Cette lettre, dit une de ses sœurs, dans des notes
qu'on a bien voulu me communiquer, cette lettre
fit bien pleurer mon pauvre père! »

Cependant les premiers bruits de la révolution qui commence, portés d'écho en écho à travers les montagnes de la Suisse, vont réveiller dans sa retraite le mélancolique jeune homme : les Etats généraux sont réunis. — La réforme des abus ! la destruction des priviléges dont lui-même jouissait ! l'abolition des préjugés dont il avait souffert, lui aussi ! la régénération et le bonheur du peuple ! c'était ce que, dans le secret de son cœur, il avait toujours souhaité. Et il accourt à Paris, plein d'émotion et d'espérance, pour admirer de plus près les belles choses qui vont s'accomplir.

Il arrive et regarde. Il voit là prise de la Bastille, au lendemain de laquelle Mlle de Bourbon prenait le chemin de l'exil avec son père et son frère. Il voit le massacre de Berthier et de Foulon. Il voit les journées d'octobre, et les têtes des gardes-du-corps fidèles portées par des cannibales au bout des piques. A ce spectacle, son cœur s'afflige et ses illusions s'évanouissent ; mais il n'en désire pas moins des améliorations et des réformes commandées tout à la fois par la justice et par la nécessité.

C'est dans ces dispositions que M. de la Gervaisais publia son premier écrit politique ; voici à quelle occasion. Au commencement de l'année 1790, un écrivain royaliste avait publié, sans nom d'auteur, une brochure fort spirituelle, mais passablement réactionnaire, comme nous dirions aujourd'hui, intitulée : *Mes amis, voici pourquoi tout va mal.* Croyant qu'il était plus sage de travailler à calmer les esprits, et qu'au lieu de promener le doigt dans la plaie vive, il valait mieux indiquer le remède, M. de la Ger-

vaisais répondit à ce manifeste par un petit ouvrage
également anonyme, qu'il intitula : *Mes amis, voici
comment tout irait bien.* Dans cet écrit, qui a pour
épigraphe : *Indulgence et Union*, le jeune publiciste
prend le rôle de médiateur entre les royalistes obstinés et les amis trop ardents de la révolution. Il
essaye de persuader aux premiers que leur opposition maladroite sera infailliblement funeste à la cause
qu'ils défendent. Il cherche à convaincre les autres
que leurs prétentions exagérées, loin de servir la révolution, auront pour résultat immanquable de la
déshonorer et de la perdre. Et jetant dans l'obscur
avenir un coup d'œil déjà prophétique, il annonce
à tous les malheurs qui vont suivre : la mort violente de Louis XVI, l'anéantissement de la noblesse
et du clergé, la banqueroute, la guerre civile et,
pour finir, le despotisme.

On trouvera dans ce recueil les prédictions tex-
tuelles de M. de la Gervaisais. Ici, je veux montrer
quelles étaient, à cette époque, les idées du jeune
publiciste. Je ne m'arrêterai sur aucun de ses écrits
d'une date plus récente ; mais il me semble intéres-
sant d'étudier, plus en détail, son point de départ.

Ne regardez pas de trop près au style ; c'est celui
d'un jeune militaire qui écrit pour la première fois
sur la politique, et parle une langue qui n'est pas
faite encore.

« J'étais jeune, dit-il, isolé et religieux : dès longtemps l'extension illimitée des droits de l'homme
était dans mon âme, et leurs infractions continues
m'oppressaient cruellement. Je ne vis pas sans plaisir cette insurrection du peuple... Mais que le sang

se soit habitué à couler, que la licence ait embrassé
le temps et les contrées, surtout que le peuple soit
devenu plus corrompu peut-être, et sans doute plus
misérable, alors *le doute s'est saisi de mes principes,
quant à leur application* [1]. » N'est-il point curieux
de voir un élève de Jean-Jacques Rousseau douter
déjà à ce moment de la valeur pratique des droits
de l'homme ? Mirabeau n'en doutait pas encore,
ni Barnave, ni beaucoup d'autres.

Et ailleurs, écoutez ces conseils aux législateurs
de l'Assemblée constituante : « Lorsqu'une nation
se lève contre son gouvernement, il y a un temps
de passage où le système social ne reçoit plus d'impulsion que des habitudes générales, et il importe
de ne pas les dérouter, ni les opposer entre elles,
ni tenter de les détruire. Alors tous les rapports sont
froissés, les mœurs sont ébranlées, les idées sont
incertaines, les lois restent sans action, la vertu
marche à tâtons ; la toute-puissance de la nation a
rappelé tout à elle pour un temps... *Il est de toute
nécessité qu'elle* (l'Assemblée) *couvre par la sagesse
de ses institutions, l'idée d'instabilité, de défiance, et
presque de mépris que l'homme attache à celles qu'il a
vu préparer, corriger et finir par des hommes semblables à lui* [2]. » Ou je m'abuse fort, ou l'on reconnaîtra ici en germe les idées que M. de Maistre a plus
tard développées d'une manière souveraine, sur la
vanité et le danger des constitutions écrites. Certes,

---

[1] *Mes amis, voici comment tout irait bien,* avril 1790, p. 4,
in-8°.— La bibliothèque du Louvre possède un exemplaire
de cette brochure.

[2] *Mes amis,* etc., p. 57 et suiv.

je ne compare pas ; je ne prétends rien disputer au grand écrivain, ni pour l'idée, ni pour l'éloquence ; mais lorsque M. de Maistre publia ses *Considérations sur la France*, où se trouve l'admirable ébauche de sa théorie, il était dans la maturité de l'âge et du talent, et ce pays en était déjà à sa troisième constitution ; tandis qu'à l'époque où M. de la Gervaisais écrivait ces lignes si remarquables, il avait à peine vingt-cinq ans, et notre première constitution n'était pas encore terminée. Il faut ne pas oublier tout cela pour faire à l'un et à l'autre publiciste la part d'honneur qui lui revient.

Je n'ajoute à ces citations qu'une seule phrase où le jeune écrivain exprime ses sentiments pour le peuple. «... Ce malheureux peuple, tour à tour dévoué à l'oppression et à la licence, avili sous l'une, plus vil au jour des flatteurs, alternativement le martyr et l'instrument de l'ambition, toujours le jouet des autres et se dévorant lui-même, toujours l'objet *unique* de ma pitié et de ma sollicitude [1]. » Le mot *unique*, j'en préviens le lecteur, a été souligné par M. de la Gervaisais lui-même. Et pendant sa longue carrière, je l'ai trouvé constamment fidèle à ce sentiment, comme à son premier amour : toujours l'image de Mlle de Bourbon a régné dans son cœur, et toujours aussi le peuple a été l'objet *unique* de ses études, de ses travaux et de ses écrits.

La brochure de M. de la Gervaisais, je n'ai pas besoin de le dire, ne convertit personne. Les évé-

---

[1] *Mes amis*, etc., p. 21.

nements marchèrent. En 1791, le jeune publiciste, découragé, quitta Paris et la France, et alla s'enterrer au fond de l'Angleterre, dans un petit village du pays de Galles. Il y passa deux ans. Après ce laps de temps, sur les instances de sa mère, il revint en Bretagne. Il s'agissait, pour ses frères et ses sœurs, dont il était l'aîné, de disputer aux agents de l'administration révolutionnaire les débris d'une fortune de cinquante mille livres de rente, déjà diminuée des neuf dixièmes par l'abolition des redevances féodales, et dont une absence prolongée davantage pouvait faire prononcer la confiscation.

A cette époque se place un acte important de la vie de M. de la Gervaisais. Mlle de Bourbon, en rompant avec son ami, avait instamment recommandé à la famille du pauvre jeune homme de s'occuper de son bonheur, de lui choisir *une femme bonne et douce*. « Ce sont, disait-elle, les qualités qui lui plaisent. » La famille n'avait jamais oublié ce désir, cet ordre ; et lorsque M. de la Gervaisais fut de retour en Bretagne, on le maria. On lui donna pour compagne une de ses cousines, qui possédait au plus haut degré ces précieuses qualités, et qui savait, sans en être jalouse, tous les sentiments que M. de la Gervaisais avait voués à une personne qu'elle-même admirait.

Dénué d'informations précises sur la manière dont M. de la Gervaisais employa les vingt années qui suivirent, je suis presque réduit à présenter des conjectures : sauf un court séjour à Paris, à l'époque du Directoire, il vécut en Bretagne, surveillant l'éducation d'une fille qui lui était née,

cultivant ses terres, et menant de front ses études de finances et d'économie politique. Je sais
cependant, d'après quelques indications posi-
tives, que, dans les dernières années de l'Empire, il adressa aux ministres de Napoléon plusieurs
mémoires où il conseillait vivement la paix, et dans
lesquels, toujours prophète, il annonçait la chute de
ce trône qui paraissait si solide. On comprend sans
peine pourquoi ces mémoires ne furent pas publiés
sous l'Empire, et pourquoi M. de la Gervaisais,
qui n'était pas seulement un prophète, mais un
homme du monde et de bon goût, ne les fit pas im-
primer plus tard.

Au retour des Bourbons, M. de la Gervaisais
transporte ses pénates à Versailles. Il garde longtemps le silence, observant de sa retraite les hommes
et les choses. Mais, en 1823, voyant le danger où
le ministère Villèle conduit la monarchie, et voulant
la sauver, s'il est possible, il reprend sa plume de
publiciste.

M. de la Gervaisais rentrait dans la lice bien
armé. Son génie naturel, singulièrement propre à
la politique, s'était fortifié par l'étude et par l'expérience.

Il déclare donc la guerre, une guerre à mort à
M. de Villèle ; et dans une suite nombreuse d'é-
crits, il combat tous les actes du ministre avec une
persévérance qu'on pourrait appeler de l'acharne-
ment, si elle n'eût pas été inspirée par les plus nobles motifs. Il combat le remboursement et la conversion des rentes, comme des mesures iniques et
funestes ; accusant dans un langage énergique,

trop énergique peut-être, le ministre dirigeant
« d'avoir assis le siége de président du Conseil sur
le bourbier de l'agiotage. » Il combat l'indemnité,
qu'il admet en principe, mais dont les dispositions
lui paraissent mal conçues. Il combat les nomina-
tions collectives ou les *fournées* de pairs : elles ne
peuvent, selon lui, que déconsidérer la pairie, en
transformant une institution sociale en un corps
ministériel. Il combat la censure des journaux ; il
voulait, lui, avec l'abaissement du cautionnement
et du timbre (afin de faciliter la concurrence), la
responsabilité personnelle des écrivains et une forte
pénalité. Combattant également la politique étran-
gère du ministre, il s'élève avec force, et contre la
guerre d'Espagne et contre l'expédition de Morée :
dans son opinion, ces entreprises annoncent des
hommes qui ne comprennent ni les vrais intérêts
du pays, ni les nécessités de leur temps. Et lorsque M. de Villèle va tomber, il lui adresse ce reproche sévère : « Vous aviez trouvé une France
royaliste, vous laissez une France libérale ! »

Dès 1827, M. de la Gervaisais avait *vu* avec une
lucidité merveilleuse la chute du roi Charles X.
Mais il voyait aussi, et non moins clairement, l'impuissance du parti libéral à rien fonder qui fût durable. C'est pourquoi, après le renvoi de M. de
Villèle, il embrasse sans trop d'espoir, mais avec
une résolution, une ardeur, une vigueur, qui gran-
diront sans cesse avec le péril, la défense de la pré-
rogative royale.

L'opposition menace, en 1829, du refus des subsides. Le noble vieillard s'indigne. « Refuser l'im-

pôt, s'écrie-t-il, mais c'est prononcer la mort de l'Etat. C'est commettre un forfait, un crime de lèse-patrie au premier chef. C'est compromettre au plus haut degré la société, et dans l'ordre moral en troublant le jugement, en corrompant les sentiments, et dans l'ordre politique, en dissolvant tous les rapports, en abolissant toutes les garanties [1]. »

Plus tard arrive l'adresse du 16 mars 1830. M. de la Gervaisais analyse sans pitié ce honteux document, où des gens qui veulent détrôner le roi lui parlent de leur *respectueux* hommage, de leur *vive* reconnaissance, de leur *inviolable* fidélité, etc., etc. Ces protestations hypocrites révoltent son âme loyale. «Quel luxe d'épithètes somptueuses! s'écrie-t-il avec son éloquence d'honnête homme ; est-ce à titre d'adulation ou de dérision?... Ainsi, les Juifs posaient sur la tête du Christ une couronne d'épines, et lui mettaient en main un roseau en guise de sceptre, et se prosternaient devant sa face, criant à l'envi : Gloire au roi d'Israël !... Mais non, il n'y avait pas 221 Juifs ! [2] »

Cependant, le dernier acte de la tragédie est commencé ; le dénoûment approche. A cette heure solennelle, certains royalistes, pris d'une peur tardive, exprimaient le désir que l'on fît des concessions. «Non! répondait M. de la Gervaisais, avec autant de bon sens que d'audace ; il faut périr plutôt

---

[1] *Du gouvernement révolutionnaire*, p. 39. Paris, Pihan de la Forest, 1830, in-8º. Tous les écrits politiques de M. de la Gervaisais, sans indication de libraire, portent le nom d'Égron, imprimeur, ou de son successeur Pihan de la Forest.

[2] *La question vitale*, p. 6. Paris, 1830, in-8º.

que céder, par cela même qu'en cédant il faudrait périr aussi ! » Et trouvant dans son âme héroïque l'inspiration, qui seule, peut-être, aurait sauvé la monarchie, il conseillait au vieux roi de traverser hardiment le parti libéral, et d'aller droit aux masses désaffectionnées ou hostiles : on avait à prendre sans retard la protection de leurs intérêts, et on les aurait ainsi reconquises. C'était conseiller à peu près d'imiter le grand Condé à Fribourg, jetant son bâton de commandement au plus épais des bataillons ennemis, pour le ressaisir ensuite avec la victoire. Mais le grand Condé n'était pas là, et les destinées de la Restauration s'accomplirent.

Charles X a pris le chemin de l'exil, et Louis-Philippe a été porté au trône sur le pavois des 221. Quelle sera la conduite de M. de la Gervaisais ? Lui-même nous a révélé ce qui se passa alors dans son âme. Il était l'homme de France, dit-il quelque part, que la chute de l'ancienne dynastie avait le plus affligé : mais ce n'était pas de lui et de ses sentiments qu'il s'agissait ; c'était du pays. Or, il considérait l'immense perturbation que la révolution de Juillet avait produite, et il prévoyait qu'une autre révolution amènerait infailliblement *des désastres matériels et moraux* encore plus grands. Il fit donc taire ses sympathies et ses regrets, et, par patriotisme, par raison, par amour de l'ordre, il désira plus vivement que personne le maintien du prince nouveau [1].

Et avec l'activité de son esprit, M. de la Gervaisais n'était pas homme à s'en tenir à des vœux

---

[1] *La Forfaiture*, II, p. 7. Paris, 1835, in-8°.

muets. Sans se laisser décourager par le dédain persistant avec lequel les gouvernements précédemment tombés avaient accueilli ses avis, voilà encore l'infatigable vieillard (il avait 65 ans), qui se met à donner ses conseils à Louis-Philippe.

Dès les premières semaines qui suivirent la révolution de Juillet, M. de la Gervaisais adressa au nouveau roi un long mémoire, publié plus tard, vers la fin de 1830, sous ce titre assez bizarre : *Considérations sur les destinées humaines.* Dans ce mémoire, le vieux publiciste, avec une loyauté parfaite, donnait à Louis-Philippe le même conseil qu'il avait donné à Charles X : *Faites-vous le roi. du peuple.* Ce conseil, dira-t-on, est un peu vague. J'en conviens; voici qui l'est moins. — Convaincu que de grandes réformes étaient nécessaires, indispensables, et que les ministres, absorbés par leur travail de chaque jour, ne pouvaient pas s'en occuper, il engageait le roi à former un *Conseil général d'améliorations*, qui aurait pour mission de rechercher les diverses mesures par lesquelles on pourrait améliorer le sort des masses. Il proposait encore, dans le but de rattacher le petit commerce de Paris à la cause de l'ordre, la fondation dans la capitale *d'une grande association de crédit public*, ayant le roi pour chef, et pour actionnaires tous les hommes appartenant aux supériorités sociales, laquelle, moyennant un intérêt modique, serait venue en aide aux petits commerçants dans des embarras momentanés. On aurait encouragé dans les principales villes du royaume la création d'établissements analogues. — Le lecteur ne confondra pas, j'espère,

ces idées avec d'autres conceptions, qui ont fait naguère quelque bruit. Bien qu'elles aient avec celles-
ci une ressemblance apparente, elles en diffèrent
du tout au tout.

Le mémoire de M. de la Gervaisais et ses conseils furent, comme on s'y attend, jetés dans la cor-
beille destinée à recevoir les papiers inutiles. Et, en
effet, comment aurait-on pu écouter ce vieux bon-
homme qui, en envoyant au roi ses radotages, les
avait fait précéder d'une belle dédicace, à la fin de
laquelle il annonçait, en propres termes, que Louis-
Philippe était menacé du même sort que Charles X,
et avait également à redouter *l'attaque de son palais
et l'expulsion de sa famille ?....* Prophète de malheur ! ! !

En même temps qu'il adressait son mémoire au
roi, M. de la Gervaisais prodiguait ses avertisse-
ments aux classes dites éclairées. Dans une suite
d'écrits publiés coup sur coup en 1830, après juillet, *la Loi des circonstances* [1], — *les Nécessités de
l'époque,* — *les Périls du temps,* M. de la Gervaisais
ne cesse d'avertir les classes qui ont part au gouvernement, qu'il s'agit maintenant du salut de la
société, et que l'unique moyen de l'obtenir, c'est
de travailler sérieusement, activement, au bien-être
des classes populaires. IL N'Y A QUE LE PEUPLE :
ON NE PEUT RIEN FAIRE PAR LUI, MAIS IL FAUT
TOUT FAIRE POUR LUI ; telle est sa maxime de

---

[1] Je tâche d'indiquer sommairement la marche politique de
M. de la Gervaisais, et je ne saurais tout dire ; mais dans le résumé de ses vœux, placé à la suite de *La loi des circonstances,*

politique et de chrétien, et il la reproduit à chaque instant sous toutes les formes.

Pendant les années suivantes et malgré tant de mécomptes, constamment préoccupé de l'avenir de la France, le noble vieillard continua de donner son opinion à un gouvernement dédaigneux et à un public indifférent, sur toutes les questions que les circonstances ou les passions du moment mettaient à l'ordre du jour.

S'agit-il de la reconstitution de la pairie, il dit : La pairie ne pouvait exister qu'avec la royauté ancienne. La royauté ancienne ayant disparu, la pairie n'a plus sa raison d'être. Avec une royauté nouvelle, il faut un sénat. Et ce sénat ne doit pas émaner de la royauté qui, née d'hier, emprunte encore et ne saurait prêter de la puissance ; il n'aura de la force et quelque chance de vie, qu'en sortant du sein de la nation [1].

se trouvent quelques lignes qui me paraissent fort curieuses. Je les reproduis fidèlement, dans leur style tout à fait lapidaire :

> Libérer la religion catholique ;
> Laisser communiquer avec le pape ;
> Laisser former des synodes, des conciles,
> Laisser élire les évêques.....
> Assurer la liberté entière d'enseignement ;
> Réduire l'Université aux Facultés ;
> Déterminer un mode de surveillance ;
> Réserver le droit d'examen pour les grades ;
> Créer des colléges à l'instar de l'Angleterre.
> (*La loi des circonstances*, p. 77.)

[1] M. de la Gervaisais publia, en 1831, *sept* écrits consécutifs sur la question de la pairie. J'ai essayé de résumer sa pensée.

L'opposition pousse à la guerre. La paix! La paix! s'écrie M. de la Gervaisais. Et ce n'est pas seulement comme philosophe et comme chrétien qu'il réprouve la guerre; c'est comme politique. Il y avait été opposé sous l'Empire, quand la France avait à sa tête le conquérant de l'Italie et de l'Égypte, le vainqueur d'Iéna et d'Austerlitz; il l'avait blâmée sous la Restauration, dont l'origine et le principe n'inquiétaient point les puissances étrangères; il devait donc, à plus forte raison, la désapprouver sous un gouvernement issu d'une révolution et qui ne possédait aucun prestige. Puis, il la repoussait encore par une profonde considération de l'état des choses. Il observait d'un œil pénétrant la France et l'Europe; il voyait les progrès croissants de l'industrie, les relations multipliées que le commerce avait développées entre les différents peuples, tous les intérêts liés, mêlés d'une manière indissoluble; et dans cette situation, il jugeait que la guerre amènerait un bouleversement fatal à tous, aux vainqueurs comme aux vaincus. Ce qu'il exprime dans une épigraphe aussi ingénieuse qu'énergique, qu'il place en tête d'un des écrits par lui publiés sur cette question : *Væ victis! væ victoribus*[1]!

L'affaire de la duchesse de Berry affligea vivement M. de la Gervaisais; et ses douleurs, ses craintes (qui n'avaient pas seulement pour objet la princesse captive), se traduisirent dans une suite nombreuse d'écrits publiés à cette occasion. Il faut voir dans ces écrits avec quel soin il évite, au commencement surtout, de blesser le roi régnant! Tandis

---

[1] *De la guerre.* Paris, 1831, in-8°.

que certains écrivains légitimistes insultaient, outrageaient, provoquaient Louis-Philippe, lui, comme le vieux Priam allant redemander le corps de son fils à un vainqueur irrité, il s'avance vers le trône, les mains suppliantes, précédé de la prière. — C'est une femme ! c'est une mère ! c'est une princesse du sang de Bourbon ! de votre sang ! Elle a été exclue du sol pour des fautes qui n'étaient pas les siennes ! Elle s'est exposée pour revendiquer ce qu'elle regardait comme les droits de son fils ! D'imprudents amis l'ont abusée, et des traîtres l'ont vendue !... Et conjurant Louis-Philippe, dans l'intérêt de sa gloire, dans l'intérêt de sa dynastie, il l'exhorte avec un rare bonheur de langage à ne pas laisser échapper cette occasion, unique, *de faire le roi et de se faire roi*. Puis, quand le bruit se répand que la princesse est tombée malade à Blaye, il redouble d'instances. Déjà un Bourbon, dans les premiers jours de ce règne, a péri d'une fin tragique. Que n'a-t-on pas dit sur cette catastrophe? Que ne dirait-on pas si la duchesse de Berry venait à mourir dans une prison?... Enfin, quand il est question de mettre la princesse en jugement : « Prenez garde! dit-il aux provocateurs de cette mesure; traduire Caroline à la barre du tribunal, c'est traduire Louis-Philippe à la barre de l'avenir ! La juger, c'est le juger!... » Selon M. de la Gervaisais, il fallait tout simplement reconduire la princesse à la frontière : la générosité et la prudence le commandaient également [1]. On a pris ce parti, mais trop

---

[1] M. de la Gervaisais publia *neuf* brochures sur la captivité de la duchesse de Berry.

tard, et lorsqu'on s'était d'avance enlevé tout le mérite d'un acte qui, maintenant, n'était plus ni de la clémence ni de la politique.

Ainsi que je l'ai dit plus haut, M. de la Gervaisais n'eut, dès le premier moment, qu'une très-médiocre confiance dans la durée du gouvernement de Juillet; — et cela, chose à noter, sans partager d'ailleurs les passions des partis opposants. Mais, après une épreuve de trois années, il avait perdu tout espoir. Les titres seuls de quelques-uns des écrits qu'il publia ensuite, — de 1833 à 1836, — *la République,—la Crise sociale,—l'Etat de guerre dans la société, — la Catastrophe, — les Premières ombres de la Barbarie*, suffisent pour indiquer sous quel aspect il entrevoyait l'avenir ; et ces écrits contiennent, en effet, la prédiction des événements qui se sont récemment accomplis, et d'autres prédictions encore plus sinistres qui, si l'on n'y prend garde, s'accompliront également.

C'est peut-être ici le lieu de faire une remarque sur le caractère tout particulier que présentent les prédictions de M. de la Gervaisais?

Avant lui, d'autres écrivains politiques ont fait aussi des prédictions confirmées par les événements. Machiavel, en 1515, dans ses *Discours sur Tite-Live*, prédit qu'un schisme ne tarderait pas à éclater dans l'Eglise, et deux ans après Luther parut. Vers la fin du siècle dernier, en 1796, alors que la république française était partout victorieuse, et que les temples étaient fermés, M. de Maistre, dans ses *Considérations sur la France*, prédit la fin de la république et la réouverture des temples : deux

choses qui se réalisèrent bientôt après. Ces grands
esprits avaient observé d'un œil sûr les faits sociaux
dont ils étaient témoins, et ils en déduisaient logiquement les conséquences. Cette faculté d'observation, et cette infaillibilité de déduction logique,
M. de la Gervaisais les a possédées, lui aussi, à un degré supérieur; mais à ces rares facultés il en joint
une autre plus rare encore : une sorte de seconde
vue. Non-seulement il prédit les événements qui
doivent s'accomplir, mais il prédit de quelle manière ils s'accompliront; non-seulement il les *pré-
voit*, mais il les *voit*. Ainsi, pour m'en tenir à ses
prédictions relatives à 1848, il ne se contente pas
d'annoncer la chute de Louis-Philippe; il annonce
que ce prince tombera sans combat, que la Chambre périra en même temps, que la pairie disparaîtra avec lui, enfin tout ce que nous-mêmes avons
vu dix ans plus tard, tout, jusqu'à ce rôle singu-
lier de la garde nationale renversant *le roi de son
choix* par un désir immodéré de la réforme. On di-
rait que la Providence a ouvert devant lui le livre
mystérieux de nos destinées, et lui a permis de lire
quelques-unes des pages où elle a écrit ses arrêts.

Et cet esprit prophétique ne se montre pas seulement dans les prédictions de M. de la Gervaisais,
qui sont si frappantes; je retrouve la même inspiration, et dans ses jugements sur le pouvoir et sur
les partis, et dans les conseils qu'il leur donne à
tous.

D'où vient donc que les organes de la presse quotidienne, si complaisants parfois pour des ouvrages
sans valeur, ont enseveli dans un silence unanime

et persistant les écrits d'un tel publiciste [1]? Question assez curieuse, à laquelle je vais répondre avec une franchise entière.

Peut-être le style de M. de la Gervaisais expliquerait jusqu'à certain point la défaveur, qui s'est constamment attachée à ses ouvrages. Lui-même, de ce côté, se faisait peu d'illusion. « Il est un homme, dit-il quelque part, qui, s'il écrivait comme il parle, s'il parlait comme il pense, s'il pensait comme il sent, ne mendierait ni aide ni alliance pour remuer le monde et l'asseoir en équilibre. » Ces lignes dénotent chez le publiciste, avec un sentiment très-vif de sa valeur intellectuelle et morale, une assez médiocre confiance dans son talent d'écrivain. Dans un autre endroit, dépité de la difficulté qu'il éprouve à exprimer convenablement sa pensée, il s'arrête court, et s'écrie avec douleur : « Ah! il faudrait une autre plume! » Et, j'en conviens de bonne foi; oui, il aurait fallu une autre plume; car celle-là écrit trop souvent d'une manière bizarre, incorrecte, embarrassée, monotone, obscure. Voilà donc M. de la Gervaisais bien et dûment exécuté comme écrivain, et par lui-même, et, qui plus est, par son éditeur. Eh bien! parcou-

---

[1] M. de la Gervaisais s'affligeait de ce silence, et il s'en est plaint avec une sorte d'amertume. « Il n'est, dit-il, prières, instances, bassesses peut-être (car, rien ne coûte en vue du bien), qui obtiennent soit des louanges, soit des critiques aussi convoitées les unes que les autres, soit quelques citations, quelque mention seulement qui appelle l'attention publique. » Voy. l'*État de guerre dans la société*, p. 4. Paris, 1835, in-8°.

rez ces fragments, sans préventions, sans préjugés ;
remarquez cette vigueur et cette grandeur de style
qui semblent ne pas appartenir à notre siècle ; ces
accents de l'âme, qui s'adressent à l'âme avec tant
de puissance ; ces traits éblouissants, qui jaillissent
comme des éclairs d'une pensée profonde ; et vous
vous demanderez, sans doute, comment les habiles
rédacteurs de nos journaux ont pu méconnaître un
homme qui, je le répète, ignorait l'art d'écrire, et
qui est, cependant, quelquefois un si admirable,
un si étonnant écrivain.

C'est que, dans sa fière indépendance, M. de la
Gervaisais ne se rangeait sous aucun drapeau.
Même dans ces derniers temps, le vieillard grondeur semblait s'être réservé le droit de morigéner à
qui mieux mieux tous les partis ; gourmandant celui-ci pour son imprudence, accusant celui-là de folie, reprochant à l'autre son aveuglement et son
égoïsme. Il faut l'avouer, les organes des divers
partis auraient été bien généreux, ou bien hardis,
de recommander à l'attention publique les ouvrages
d'un homme qui traitait leurs clients avec si peu
d'égards, avec tant d'irrévérence.

Et si l'on s'étonnait de ce que je viens publier à
mon tour les pages sévères de M. de la Gervaisais,
je répondrais que les circonstances ne sont plus les
mêmes, et que les prédictions aujourd'hui réalisées
prêtent aux paroles du prophète une importance et
un intérêt qu'elles n'avaient pas auparavant. Je re-
prends mon récit.

Dans la préface des *Premières ombres de la Barbarie*, publiées au commencement de 1836, M. de

la Gervaisais déclarait que ce serait son dernier écrit. Il n'entrevoyait plus devant lui que le chaos, et il s'arrêtait.

Puis l'éminent publiciste touchait à sa soixante-onzième année : après tant de campagnes, il pouvait se regarder comme ayant bien acquis ses droits à la retraite. Ce n'est pas tout. A mesure qu'il avançait dans la vie, de plus en plus attristé par le spectacle du présent et par les visions de l'avenir, il reportait plus volontiers sa pensée vers les jours de sa jeunesse, et il méditait alors un projet qui souriait vivement à son cœur. Ceci me ramène à Mlle de Bourbon ; je reviens avec plaisir à cette charmante, à cette admirable femme.

Au moment de sa rupture avec M. de la Gervaisais, Mlle de Bourbon était résolue à se consacrer tout entière à Dieu : les instances d'un père et d'un frère, qui auraient voulu la conserver au monde pour en être l'ornement et l'exemple, ne purent que retarder la réalisation de ce qui était désormais l'unique vœu de ce cœur fait pour le ciel. La révolution éclate, et trois jours après le 14 juillet, la famille de Condé sort de Paris, quitte la France. Arrivée à Turin, et, malgré le désir de ses proches, cédant à la voix qui l'appelle, la princesse commence son noviciat religieux. Chassée de Turin par le contre-coup de la révolution et réfugiée au Puy-en-Valais, elle continue son noviciat. Et de même à Vienne, à Varsovie, à Munich, à Orscha (dans la Russie-Blanche), partout, enfin, où les victoires de nos armées l'obligent à chercher un abri. Après Austerlitz, la pieuse princesse abandonne tout à fait le continent, qui n'a plus d'asile pour elle; et se réfugie à Bodney-Hall, dans le comté de Norfolk. Elle y passe neuf années paisibles, à l'ombre d'un cloître. Rentrée en France à la Restauration, elle forme, avec quelques pieuses amies, une petite communauté religieuse. De nouveau forcée à quitter la France au 20 mars, elle regagne sa retraite d'Angleterre. Enfin, revenue à Paris en 1815, et bientôt après nommée prieure du Temple, elle prend la direction de ce couvent destiné aux bénédictines de l'Adoration perpétuelle.

Là, sous le nom de sœur Marie-Joseph de la Miséricorde, la pieuse princesse, *victime réparatrice* (elle-même définit ainsi la mission qu'elle s'est donnée), passait sa vie dans la prière. Elle priait pour la France. Elle priait pour Louis XVI, pour Marie-Antoinette, pour Mme Elisabeth, son amie. Elle priait pour son neveu le duc d'Enghien, qu'elle avait aimé avec la tendresse d'une mère. Elle priait même, devinez pour qui... pour Napoléon ! Et savez-vous depuis quelle époque elle priait pour Napoléon ?... depuis la mort du duc d'Enghien [1] !!!... Noble et sainte femme; — s'il m'est permis de pénétrer dans les mystérieuses effusions de votre

---

[1] On ne le croira pas, et cependant rien de plus vrai. Il suffît, pour le prouver, de citer le *post-scriptum* d'une lettre que Mlle de Bourbon, *sœur Marie-Joseph de la Miséricorde*, adressait, en 1821, à monseigneur d'Astros, son directeur : « Voilà Bonaparte mort... Il s'était fait votre ennemi en vous persécutant; je pense que vous direz une messe pour lui. Il s'était fait le mien en tuant mon neveu, et Dieu m'a fait la grâce depuis ce moment-là de le nommer tous les jours dans

cœur, — vous qui aviez des prières pour vos ennemis, n'en aviez-vous pas aussi pour celui qu'autrefois vous appeliez votre ami, et à qui vous écriviez :
Nos deux âmes n'en font qu'une ?

Ainsi priant pour tous, cette créature divine
quitta la terre (10 mars 1824). Peu de jours auparavant, afin de distraire les souffrances d'une longue
maladie, dans l'intervalle de ses prières, elle avait
brodé à l'aiguille une blanche colombe qui s'en-
volait au ciel, en portant une croix entre ses ailes.

M. de la Gervaisais apprit la triste nouvelle le
lendemain seulement, à Versailles, qu'il habitait
alors. Les premières angoisses passées, il traça à la
hâte, pour un journal royaliste de l'époque, quelques pages où il essayait d'exprimer son admiration,
son respect, sa douleur. Il terminait ainsi : « Que
les larmes cessent, ces fidèles et tendres larmes qui
accompagnaient tous les mouvements de l'ombre
révérée... Ne pleurons plus : la mortelle achève de
mourir ; la sainte commence à vivre. »

Peu de temps après, il renouvela encore, devant
un public qui ne s'en doutait pas, l'hommage de ce
culte enthousiaste qu'il avait voué à *la chère mémoire*. Le duc de Lévis, — qui était attaché en qualité de chevalier d'honneur à la duchesse d'Angou-
lême, — ayant, dans un rapport à la Chambre des
pairs, exprimé le vœu que le gouvernement s'ap-

mes prières. J'ose donc vous demander aussi une messe pour
ce malheureux homme : vous voudrez bien la dire *de ma part.* »
(*Lettres* de la princesse Louise-Adélaïde de Bourbon-Condé,
fondatrice du monastère du Temple, p. 379. Paris, Dufour,
1843, in-8°.)

pliquât à soulager le sort des classes les plus malheureuses, M. de la Gervaisais, charmé, le félicitait en ces termes : « Honneur et gloire à vous, noble duc, noble Lévis, noble chevalier d'honneur d'une princesse, toute Bourbon de toutes les sources de son sang, toute Bourbon de tous les sentiments de son cœur [1]. » Ou je m'abuse, ou de tels accents ne s'adressaient pas uniquement à la princesse Bourbon qui vivait aux Tuileries, — bien que M. de la Gervaisais n'eût d'ailleurs pour cette noble princesse que des sympathies et des respects. Ces accents si vifs, si passionnés, s'adressaient plus loin et plus haut. Ils s'adressaient à celle dont la dépouille mortelle reposait dans la chapelle du Temple et dont l'âme était au ciel.

Dix ans plus tard (1834), M. de la Gervaisais publiait, ou, pour employer une expression plus exacte, laissait publier les lettres à lui adressées jadis par Mlle de Bourbon [2]. Elles parurent sous le double patronage d'un de nos écrivains les plus honorables, et d'une dame aussi célèbre par la pureté de sa vie que par sa beauté et sa grâce.

Cette publication a été sévèrement jugée [3]. En

[1] *Un mot sur, pour et contre le rapport fait à la Chambre des pairs, par M. le duc de Lévis*, p. 2. Paris, mai 1824, imprimerie d'Egron.

[2] Voy, p. 6, à la note.

[3] Voy. dans la *Biographie universelle* l'article CONDÉ (*Louise-Adélaïde de Bourbon*). Le rédacteur de cet article nous dit gravement que « *les sentiments exprimés dans ces lettres n'étaient qu'une véritable aberration* », et il prétend que « *cette publication jette un vernis de défaveur sur une femme qui*, etc. Le rédacteur de cet article est-il bien sûr d'avoir lu ce dont il parle ?

général, je le reconnais volontiers, on n'a pas le droit de livrer au jour une correspondance de ce genre : la délicatesse veut que ces confidences du cœur demeurent ensevelies dans le cœur qui les a reçues. Mais il n'existe point de règle sans exception ; et quand je lis ces pages, qui font tant d'honneur, non-seulement à celle qui les a écrites, mais à la nature humaine ; quand j'éprouve par ma propre expérience qu'elles révèlent ou exaltent dans l'âme le sentiment de l'honnête et du beau ; quand je considère en outre que, à l'époque de la publication de ces lettres, la famille des Condés avait complétement disparu, alors, loin de m'associer à ceux qui blâment une révélation si intéressante, je remercie, pour ma part, M. de la Gervaisais de l'avoir autorisée ; et s'il n'était pas ici couvert par les meilleures cautions, je serais prêt à lui offrir la mienne. Ces lettres, inappréciable trésor d'innocence et de grâce, n'appartenaient pas à lui seul. Elles appartenaient au monde, et devaient servir à élever un monument à l'ange qui les avait laissées.

J'arrive maintenant au projet que M. de la Gervaisais avait formé, et où se peint d'une manière si heureuse le caractère de l'étrange vieillard.

Nous sommes en l'année 1836. A cette date, il y avait précisément cinquante ans que M. de la Gervaisais avait vu, pour la première fois, M\llede Bourbon. C'était pour lui un grand anniversaire, et il se proposait de le célébrer en faisant un pieux pèlerinage aux lieux où, un demi-siècle auparavant, la jeune image lui était apparue. Il voulait, disait-il, revoir ces lieux sacrés « pour raviver les souvenirs voilés sous tant d'impressions d'un tel demi-siècle, et pour se tenir dans l'état de parfait recueillement. »

Il avait d'abord résolu d'effectuer ce voyage à l'époque même où il s'était trouvé aux eaux avec la princesse, c'est-à-dire, si je ne me trompe, au mois de mai ou de juin. Les devoirs les plus sérieux l'en empêchèrent. Il était l'unique protecteur de cinq orphelins, dont sa fille en mourant, lui avait laissé la tutelle, et les intérêts de ces enfants le forcèrent d'aller au printemps en Bretagne.

Mais enfin, au mois d'août, devenu libre, sans calculer les fatigues d'un long voyage entrepris dans cette saison et à son âge, il part pour Bourbon-l'Archambault. Il arrive. Il revoit la maison qu'elle avait sanctifiée de sa présence ; il parcourt les sentiers qu'il avait parcourus avec elle ; il va visiter les cabanes où vivaient jadis de pauvres familles qu'ils allaient ensemble secourir et consoler ; il interroge avec inquiétude les habitants du pays pour s'assurer s'il y reste d'elle au moins un souvenir ; et quand il voit que les générations nouvelles ne prononcent qu'avec respect ce nom qu'une génération disparue avait béni : *Mademoiselle de Condé !* il est heureux, et son cœur rajeuni tressaille de joie.

Ce voyage et ces émotions altérèrent la santé jusque-là robuste de M. de la Gervaisais. Cependant, de retour à Paris, et quoiqu'il se fût promis de ne plus reprendre la plume, il ne put résister au désir d'exprimer une dernière fois les deux sentiments qui avaient rempli toute sa vie. Il publia d'abord (1837), un opuscule dont le titre : *Une âme de*

Bourbon, indique suffisamment le sujet. L'année suivante, il publia *l'Appel aux hommes loyaux et sensés,* dans lequel, résumant ses précédents écrits, il traçait le pronostic d'une société « où il n'y a, dit-il, ni souvenirs du passé, ni pressentiments de l'avenir. » C'était, en quelque sorte, son testament politique, comme l'autre ouvrage était son testament d'homme privé. Puis, sa santé déclina rapidement de jour en jour ; et le ⬛ décembre 1838, lui aussi, *il commença à vivre :* ⬛me du prophète religieux allait retrouver l'âme de la sainte princesse qui l'attendait au ciel.

Après avoir tracé cette esquisse, bien imparfaite, de la vie et des travaux de M. de la Gervaisais, il me reste à dire un mot de l'esprit dans lequel ce recueil a été conçu et du plan que j'ai adopté.

Ainsi que le reconnaîtra tout lecteur de bonne foi, ces fragments ont été recueillis loyalement, sans aucune préoccupation de parti. L'unique sentiment qui inspirait M. de la Gervaisais lorsqu'il écrivait ces pages, a été le seul aussi qui m'a dirigé dans ce travail : le dévouement à la France, à sa gloire, à son bonheur, au bonheur de tous ses enfants.

Quant au plan que j'ai suivi, c'est celui, ce me semble, qui m'était naturellement indiqué par le but même de l'ouvrage. Ainsi l'on comprendra sans peine pourquoi j'ai d'abord donné les *Prédictions* de M. de la Gervaisais ; pourquoi j'ai placé ensuite les *Jugements,* et reproduit avec cette étendue ceux qui ont trait à ce que les jurisconsultes appellent *le dernier état ;* et pourquoi j'ai placé en dernier lieu les

Conseils que l'éminent publiciste répétait sans cesse comme l'unique moyen de détourner ou, tout au moins, d'adoucir la crise sociale qu'il voyait dans l'avenir. — Il est également surperflu de dire pourquoi au-dessous de chaque fragment j'ai eu le soin d'indiquer le titre et la page de l'écrit d'où il a été emprunté, ainsi que l'année de la publication de cet écrit. — Enfin il serait, je crois, tout aussi inutile d'expliquer pourquoi j'ai mis des notes à la suite de certains fragments, et pourquoi je me suis abstenu et j'ai même évité d'en mettre à d'autres endroits.

Dieu veuille que ce résumé de la pensée de M. de la Gervaisais trouve un accueil plus favorable que celui qui a été fait aux nombreux écrits de l'étonnant publiciste ! Ce n'est ni pour la gloire de M. de la Gervaisais, ni pour le succès de cet ouvrage que je forme ce vœu ; c'est pour l'honneur de la civilisation, c'est pour l'existence et le salut de ce pays. Tant de prédictions déjà réalisées nous invitent à réfléchir sérieusement à celles qui sont encore à accomplir.

Et puisque je publie la pensée d'un prophète fort lugubre, je finis en demandant à mes concitoyens la permission de leur rappeler un épisode tiré de l'histoire d'un autre prophète et qui rentre assez bien dans mon sujet. — Autrefois, en Orient, existait une grande ville, Ninive, qui étonnait le monde du bruit de ses folies. A la fin Dieu se lassa, et il envoya vers cette ville un homme choisi qui lui adressa ces paroles : « Encore quarante jours, et Ninive sera détruite ! » A cette menace les Ninivites, effrayés, témoignèrent leur douleur et leur repentir à la manière des Orientaux, se couvrant de cilices et s'asseyant sur la cendre, pour apaiser la vengeance céleste. Et le Seigneur, ému de pitié, dit : « *Comment ne pardonnerais-je pas à la grande ville de Ninive où il y a plus de cent vingt mille hommes qui ne savent pas discerner leur main droite d'avec leur main gauche?* » — O Ninivites de l'Occident ! aussi déraisonnables que les autres, et comme eux menacés de ruine! je ne viens pas vous conseiller de prendre des signes de deuil, de vous revêtir de cilices, de vous souiller de cendres ; non, ces choses ne sont plus de notre temps, et d'ailleurs ce n'est pas l'homme extérieur qu'il faut changer : mais si vous ne voulez pas périr; si vous voulez que votre ville se maintienne debout sur les deux rives de son fleuve ; si vous voulez que ce pays, la France, conserve son nom parmi les nations, écoutez, — je vous en conjure, — écoutez, vous aussi, la voix de votre prophète.

Paris, novembre 1850.

UN PROPHÈTE INCONNU.

PREMIÈRE PARTIE.

PRÉDICTIONS.

— ❧ —

CHAPITRE PREMIER.

PRÉDICTIONS ACCOMPLIES.

— —

§ I.

PRÉDICTIONS DE 1790.

Anarchie. — Mort violente de Louis XVI. — Invasion. — Banqueroute. — Guerre civile. — Terreur. — Despotisme.

1. Supposez le système du monde bouleversé, les astres chassés de leurs orbites et livrés aux directions combinées de leurs chocs et de leurs attractions, les uns conservant encore quelque impression de leur impulsion habituelle, les autres vacillant violemment avant de fixer, selon la loi de la gravité, leurs diverses masses isolées et souvent heurtées entre elles, tous emportant dans leurs mouvements désordonnés les corps célestes

englobés dans leurs sphères.... Voilà l'image de
la révolution.

Mes amis, voici comment tout irait bien, p. **10**.

2. Si l'opposition se trouvait maitresse de cette
populace légère de Paris, comme *il serait facile
d'anéantir dans les provinces tout ce qui reste de
ces ordres indomptables, de souffler l'insurrection
aux âmes des paysans et le désir du pillage dans
celles des artisans affamés, de livrer au glaive tant
de têtes innocentes, et toute la France à l'anarchie!*

Et votre roi!...[1] si l'insurrection du peuple
est excitée dans tous les sens, il est en vue, il
paraît puissant : *la vengeance peut monter les
marches du trône.*

Ibid. p. **37**.

3. Ah! vous ne savez pas jusqu'où s'emportera
cette masse frappée d'une impulsion violente,
irritée par le temps et par ses succès, pressée par
la faim et formée au pillage. Elle se jettera çà et
là sans projet et sans frein ; *elle confondra sous sa
main de feu toutes les classes, toutes les richesses,
toutes les existences; elle dévorera d'un trait liberté
et monarchie, religion et philosophie; elle foulera
aux pieds les tristes restes des rapports sociaux et*

---

[1] M. de la Gervaisais s'adresse aux royalistes dont la conduite imprudente appelait la colère de la multitude sur l'infortuné Louis XVI.

le sublime instinct de la nature. Un jour enfin l'association sera dissoute ; et son chaos interminable offrira toutes les forces nues et isolées, opposées les unes aux autres, et s'entredéchirant tour à tour.

Ibid. p. 51 et suiv.

4. *Voyez-vous sur nos têtes la banqueroute, la guerre civile, l'anarchie,* la division du royaume, *l'invasion de l'ennemi,* la dissolution de l'Etat, ou, *s'il est encore permis de l'espérer, le plus affreux despotisme?...*

Ibid. p. 31.

5. Le moment arrivera où la sagesse et la concorde se trouveront trop heureuses de *faire passer sans anarchie et sans horreurs, sous un sceptre de fer, un peuple assouvi* à jamais *de la liberté.*

Ibid. p. 51.

Dans les fragments qui précèdent, M. de la Gervaisais annonçait la mort violente de Louis XVI, l'anéantissement du clergé, de la noblesse, des parlementaires, l'invasion de la France, la banqueroute, la guerre civile, l'anarchie, la terreur, et le despotisme final : toutes ces prédictions se sont accomplies. Et à la manière dont le jeune publiciste annonçait que le despotisme s'établirait parmi nous, *sans anarchie et sans horreurs,* il semble vraiment qu'il ait prophétisé, neuf années d'avance, le coup d'Etat de brumaire.

Ainsi que je l'ai dit dans la préface, c'est au mois d'avril 1790 que M. de la Gervaisais a publié l'ouvrage d'où j'ai extrait ces citations. A cette date, sans doute, un grand nombre de personnes avaient de tristes pressentiments sur l'avenir ; l'émigration déjà commencée on est la preuve ; mais ce n'étaient que des pressentiments ; et encore, parmi les émigrés, combien se flattaient de rentrer en France après une campagne de quelques mois ! A la même époque, Mirabeau, plein de confiance en sa force, promettait d'arrêter le char de la révolution ; et ce n'est qu'un an plus tard, à son lit de mort, qu'il a entrevu, comme par une soudaine inspiration, la ruine de la monarchie et le triomphe des factieux.

Seul peut-être, dès avril 90, M. de la Cervaisais a vu avec une sagacité supérieure, et prédit avec une précision étonnante les malheurs qui menaçaient.

§ II.

PRÉDICTIONS FAITES SOUS LA RESTAURATION.

I. Chute de Charles X. — II. La Chambre de 1830 se fera Assemblée constituante. — III. Triomphe peu durable du parti libéral.

I. Chute de Charles X.

1. L'ère septennale [1] doit perdre ou sauver la monarchie.

Une autre Chambre, p. 3 (1827).

2. L'opposition, rejetée dans les rangs libéraux, est irritée sans cesse, est recrutée au delà de toute mesure ; et l'opinion qui se forme, se concentre en un foyer ardent, *menace d'une explosion terrible*, d'une RÉVOLUTION puisqu'il faut dire le mot.

Des Journaux (fin), p. 20 (1827).

[1] La loi de septennalité est du 9 juin 1824.

3. Que voyons-nous? ceux-ci aliénés, exaspérés; ceux-là affligés, désespérés. La parole publique n'est chargée que de plaintes, de reproches. Dans cette atmosphère embrasée, l'idée fermente, fait explosion... Hasard, accident, occasion marquent l'époque, règlent la mode, et tout est consommé.

Qu'il n'arrive jamais un vingt mars!.. En 1815, c'était toute une nation en deuil.

En 1827.... la plume hésite! *Peut-être la fraction dissidente, alors tellement minime, apparaîtrait-elle aussi minime... mais dans le sens contraire.*

Un autre ministre, p. 15 et suiv. (1827).

4. L'ère de gloire, l'ère d'intrigue doivent aboutir en la même façon. Déjà n'est-ce pas la campagne de 1814, qui se joue sur le théâtre de la politique ministérielle?... Brienne, Craonne, Saint-Dizier, ces trois pointes d'un triangle démesuré, projettent et croisent leurs ombres fidèles sur la carte des guerres de cabinet. *Bientôt se répétera, sous d'autres formes, le mouvement rétrograde vers Paris*, suite naturelle, conséquence finale d'un triomphe ravi aux noirs destins; *puis, surviendront les transactions honteuses, la démission forcée, l'expulsion irrévocable*, afin que rien ne manque au parallèle.

La Censure, p. 34 et suiv. (1827).

Une seule observation, sur le dernier de ces fragments. — Dans cette prédiction, présentée sous une
forme si ingénieuse, M. de la Gervaisais annonçait que
les destinées des Bourbons de la branche aînée se déci-
deraient à Paris ; et, par le fait, c'est Paris qui a prononcé l'arrêt suprême. Il annonçait des *transactions
honteuses* : changement de ministère proposé le 29 juillet pendant le combat. Il annonçait la *démission forcée* :
abdication de Charles X et du dauphin. Il annonçait
l'*expulsion irrévocable* : vingt ans sont passés déjà, et
jusqu'à présent elle n'a pas été révoquée. Le sera-
t-elle un jour ?... Je n'ai pris la plume que pour com-
menter les prophéties de M. de la Gervaisais, et non
pas pour donner les miennes ; mais si les partisans de
la monarchie légitime veulent bien lire attentivement
ces écrits d'un homme qui, après tout, ne saurait leur
être suspect, ils verront à quelles conditions peut avoir
lieu le retour du représentant de leur principe.

Encore un mot.

Dans une lettre écrite par M. de la Gervaisais à M. de
Peyronnet, à l'occasion de la capitulation d'Alger, peu
de jours avant les Ordonnances de juillet, se trouvent
quelques lignes fort curieuses : « La conquête d'Alger
« a changé la face des choses. Déjà l'inquiétude s'est
« changée en un excès de confiance ; les mesures, jus-
« que-là timides, menacent de faire place à des actes in-
« considérés. Je n'ai plus qu'à prêcher la sagesse et la
« prudence, la circonspection au dernier point... Vous
« trouverez ci-joint mon opinion sur le parti à tirer de
« la *conquête d'Alger*, cette *faveur du Ciel*, LA DERNIÈRE
« PEUT-ÊTRE. » (V. *La Ligue de salut*, II, pag. 36.)

J'aurais pu placer ce fragment parmi les prophéties ;
mais il n'a été rendu public qu'après la révolution de
Juillet et, quelle que soit ma confiance absolue, dans la
loyauté de M. de la Gervaisais, je me suis imposé la loi

de ne donner ici que les prédictions *imprimées et publiées* avant les événements accomplis. En voyant ce fragment relégué dans une note, quelques personnes me reprocheront peut-être d'avoir été trop sévère pour mon auteur ; mais j'aime mieux cela que d'être accusé d'un excès de complaisance.

II. La Chambre de 1830 se fera Assemblée constituante.

L'Assemblée constituante est portée aux nues, est traînée dans la boue ; qu'importent les phrases ? ce sont les boules qui comptent. Un instinct commun, l'instinct de domination entraîne les partis les plus opposés ; en quelque sens que ce soit, il se satisfait. A peine introduits dans la salle, les mandataires du royalisme, de l'absolutisme même, tournent en *représentants du peuple*, ne doutant nullement de la sagesse, de la puissance de leur volonté. *Ainsi s'amoncèlent*, par un vote presque unanime, *des précédents chargés de désastres* ; ainsi s'établit, du fait de ses propres serviteurs, une jurisprudence hostile à la couronne.

ON REFAIT L'ASSEMBLÉE CONSTITUANTE...

LA CHAMBRE TEND A DEVENIR UNIQUE, A DEMEURER SEULE, REPOUSSANT EN ARRIÈRE LA PAIRIE, LAISSANT DE CÔTÉ LA ROYAUTÉ.

Memorandum pour la session de 1830, p. 3 (1829).

Selon la prédiction de M. de la Gervaisais, la Chambre

3.

de 1830, représentée par 219 députés de l'opposition, est demeurée *seule* et *unique* du 29 juillet au 9 août, et s'est en effet posée en *Assemblée constituante*. Elle a refait une Charte, une Constitution, en proclamant le principe de la souveraineté du peuple. Elle a *laissé de côté la royauté*, pour établir le gouvernement parlementaire. Elle a *repoussé en arrière la pairie*, qui n'a survécu que mutilée, en cessant d'être héréditaire.

La première Chambre de 1830 a été, il est vrai, dissoute par le ministère Polignac ; mais comme, aux élections qui précédèrent immédiatement la révolution de Juillet, on s'appliqua, et du côté du pouvoir et du côté de l'opposition, à faire réélire les mêmes députés, l'*Assemblée constituante* était en réalité la même Chambre dont M. de la Gervaisais avait annoncé l'usurpation.

III. Triomphe peu durable du parti libéral.

1. Telle est la France, ainsi que les ministres l'ont faite. Ici, l'oriflamme de la monarchie absolue. Là, l'étendard de la liberté plénière...

Or, demandez au nombre, demandez à la force où sera la victoire... *Puis demandez au temps où sera le succès, le succès réel et solide?...*

Les jours ne sont pas aussi loin qu'on pense, où LE THÉÂTRE DE NOS DISSENSIONS CIVILES, ENVAHI PAR DES FACTIONS ENCORE INCONNUES, OFFRIRA AUX REGARDS DU SPECTATEUR, A DROITE, LES LONGUES DOULEURS, A GAUCHE, LES COURTES JOIES.

Des Journaux (fin), p. 24 et suiv. (1827).

2. *Le temps arrive, est arrivé peut-être, où,*

*pour le pouvoir existant, il y a peu de chances de
se rétablir ; où, pour le pouvoir remplaçant, il
n'y a plus de chances de s'établir.*

Folles gens! Ils travaillent à miner l'autorité
légitime, à dissoudre le ciment de l'ordre social ;
et c'est dans la vue, dans l'espoir de fonder sur
ses ruines leur autorité... Sottes gens! Ils entendent, un jour venant, faire de l'oligarchie,
peut-être de la monarchie ; enfin, quelque gouvernement de sorte ou d'autre ; car, avant tout,
après tout, il leur faut régner... Vaines gens!
ils s'imaginent, au creux de leur cerveau, que
cette foule, cette cohue, qui se tient à leur suite,
sera tout heureuse et tout aise, au terme du
triomphe, de se donner pour maîtres quelques
parvenus de tribune, quelques revenants de l'Empire.

Tandis qu'au contraire, UNE JEUNESSE DOGMATI-
QUEMENT LIBÉRALE, UNE POPULACE RADICALEMENT
IMMORALE, NE SE SONT ENGAGÉES SOUS LE DRAPEAU
QUE POUR VAINCRE A LEUR COMPTE, ET NE SERRENT
DE SI PRÈS LES CHEFS QUE POUR LEUR PASSER SUR
LE CORPS.

Du gouvernement révolutionnaire, p. 37 et suiv. (1830 [1]).

Dans les deux fragments qui précèdent, M. de la Gervaisais ne se contente plus d'annoncer la chute de la

---

[1] Avant la révolution de Juillet.

Restauration ; il voit par-delà ; il voit la chute, inévitable aussi, de ce qu'il appelle *le pouvoir remplaçant* : et, en effet, le pouvoir remplaçant a partagé le sort du pouvoir remplacé.

Mais j'appelle surtout l'attention du lecteur sur ces paroles si étonnamment prophétiques : *le théâtre de nos dissensions civiles envahi par des factions encore inconnues.* Ces factions alors encore inconnues, aujourd'hui nous les connaissons ; mais annoncer leur apparition dès 1827, n'était-ce pas voir de loin ?

§ III.

PRÉDICTIONS FAITES SOUS LE GOUVERNEMENT DE JUILLET.

I. Chute de Louis-Philippe. — II. La Chambre disparaîtra en même temps.— III. Fin de la pairie. — IV. Rôle de la garde nationale. —V. La République. — VI. Révolutions en Europe. — VII. Guerre civile dans Paris. — VIII. Avénement d'un Napoléon.

I. Chute de Louis-Philippe.

1. Qu'est-il donc arrivé ? L'imprudence avait amassé les matières inflammables, l'impéritie a laissé tomber la fatale étincelle. Et l'explosion s'est faite : le trône a été brisé et mis en éclats.

On profite de la faute, on ne profite pas de la leçon.

Un tel mouvement fut subit, et non fortuit. Il n'y eut de hasard qu'en apparence ; le sort éphémère fut pris pour ministre par l'éternelle fatalité.

La même cause agissait alors et agit mainte-
nant... Il ne reste qu'à déplorer qu'il en ait été
ainsi : il y aurait à déplorer surtout s'il en était
encore de même.

Tout le présage pourtant.

La Leçon de justice, de prudence, p. 21 (1831).

2. Quelqu'un a dit que le prince régnant était
le dernier roi possible. Et cela est vrai : parce que
la transmission de la royauté d'une tête à l'autre
la montre comme à nu, la laisse trop en l'air. *Parce*
que l'expression de la royauté, réduite aux moin-
dres dimensions, n'a plus qu'à s'effacer, à s'éva-
nouir.

La Crise sociale, p. 27 (1833).

3. Jadis une première révolution ; naguère
une seconde révolution ; *bientôt une troisième ré-*
volution !!!

Premières Ombres de la barbarie, p. 14 (1836).

4. Nous en sommes à une *révolution qui*, tôt
ou tard, en éclatant de nouveau, *fera sauter ceux*
qui ont mis le feu aux poudres.

Les Droits de l'homme dans le vrai sens, p. 14 (1832).

5. Un célèbre publiciste [1] écrivait, il y a douze
ou quinze ans : « Qu'est—ce que je vois ! un ministère qui est tout, et une nation qui n'est rien

[1] M. Bergasse.

un trône en l'air sur deux Chambres en l'air : au-dessous, *une multitude inquiète.* »

C'était vrai alors : c'est plus vrai à présent.

Un second juillet est capable de venir en preuve.

L'État de guerre dans la société, p. 33 (1833).

6. Subir : tel est le lot de l'homme, Seulement, au-dessus de l'animal, l'homme n'a pas à subir, sans prévoir en rien, sans prévenir quelque peu le mal ; comme aussi il a de plus à hâter, aggraver par sa faute, le mal qui était à subir. L'homme hâte l'époque, aggrave la crise, lorsqu'il s'oppose à ce qui est inévitable, ou qu'il aspire à ce qui est impraticable. Ainsi se laissait induire Louis XVI, qu'on blâme, lui qui n'était pas appris par l'expérience ; qu'on imite, lui dont l'exemple n'a que trop instruit. Même on se comporte plus niaisement ; on se donne, on se prête du repos, en prenant soin de sauver l'œil, de sauver l'oreille, de la connaissance du mouvement des esprits : *trop semblable à l'autruche, qui se cache la tête derrière un arbre et, tranquille, reçoit le coup mortel.*

Or, bien qu'on n'entende point de bruit, qu'on ne voie pas de lumière, sous l'ombre, en silence, s'opère le travail du principe révolutionnaire.

La Royauté possible, p. 20 (1835).

7. Le premier tiers du siècle est marqué de ce signe lugubre : que tout commence et rien ne finit, que tout change et rien ne dure. C'était à tort que quinze ans d'empire, quinze ans de royauté semblaient un à-compte sortable, à valoir sur le terme de la prescription. QUAND DEUX BLOCS MASSIFS DE PUISSANCE ONT ÉTÉ BRISÉS, BROYÉS COMME VERRE, QUE DOIT-IL ADVENIR DES GRAINS DE SABLE LOGÉS AU FAITE PAR LE SOUFFLE DU SORT ?

La République, p. 6 (1838).

8. Une monarchie de huit siècles, une charte de quinze ans se sont évanouies en un clin d'œil. Cela était juste, était légitime : tous le disent, et beaucoup le croient... Des gens viendront, sont déjà venus, qui se représenteront le juste sous des formes opposées... Pour eux, cela sera juste aussi, cela sera légitime de détruire ce trône, cet acte érigés d'hier... UN SOUFFLE SUFFIRA, QUAND NAGUÈRE IL A FALLU LA FOUDRE.

La Loi des circonstances, p. 8 et suiv. (Décembre 1830 [1]).

9. Les hommes du jour auront le sort des hommes du temps : ils supplantèrent ; ils seront supplantés.

---

[1] Ce mot et ce chiffre, *décembre* 1830, me servent à indiquer d'une manière approximative l'époque où ont paru certains écrits de M. de la Gervaisais publiés après la révolution de Juillet et avant l'année 1831, mais dont il me serait impossible de fixer la date précise.

L'assentiment qui les élevait, les soutenait au faîte, en se retirant soudainement, les jette à terre, les brise en éclats.

Les hommes du temps avaient leurs ennemis naturels : les hommes du jour auront de plus leurs auxiliaires pour adversaires.

Seulement l'époque, le mode restent inconnus.

PROBABLEMENT, LE COUP SERA SUBIT DE MÊME, NE SERA PAS VIOLENT DE MÊME.

L'ARBRE EST FRÊLE ET PLIE A TOUT VENT : MAIS L'ARBRE N'A PAS DE RACINE ; ET UN COUP D'ÉPAULE LE POUSSE A BAS ; ET A PEINE QUELQUE BRUIT SUIT SA CHUTE.

L'État de guerre dans la société, p. 24 (1833).

Ici, nous nous bornerons à faire remarquer la manière dont M. de la Gervaisais a annoncé qu'aurait lieu la chute de Louis-Philippe : *Un souffle suffira... Le coup sera subit, mais non violent... Un coup d'épaule, etc.,* etc. Il était impossible de mieux voir et de mieux dire.

Ces fragments prêteraient aisément à d'autres observations. De hautes convenances nous arrêtent. M. de la Gervaisais écrivait ses prédictions, alors que les fautes se commettaient et avant que le malheur eût frappé ; nous, nous traçons ces notes après le malheur venu et lorsque les fautes s'expient. M. de la Gervaisais avait le droit et le devoir d'exprimer nettement, vivement sa pensée loyale ; notre devoir à nous est de supprimer des réflexions qui pourraient paraître injurieuses.

Mais, au nom du Ciel, que les partisans dévoués du dernier gouvernement cessent donc de dire que la révolution de Février a été un accident, une surprise. Il n'y a point d'accident, il n'y a point de surprise dans une révolution qui a été prédite quinze années à l'avance, et qui s'est accomplie exactement comme elle avait été prédite.

II. La Chambre disparaîtra en même temps que Louis-Philippe.

LES DEUX POUVOIRS, LE PRINCE ET LA CHAMBRE, *l'un et l'autre issus à peu de distance, du sein de la révolution de Juillet, et cependant celui-là engendré de celle-ci*, NAQUIRENT, CE SEMBLE, SOUS LA MÊME ÉTOILE, PRÉDESTINÉS A SUBIR DES PHASES PAREILLES, A S'ÉTEINDRE A UN TERME, EN UN MODE COMMUN.

La Ligue de salut, p. 7 (1835).

M. de la Gervaisais a vu avec une sagacité incomparable que les destinées du roi Louis-Philippe et de la Chambre étaient indissolublement liées : les deux pouvoirs ont péri le même jour, presque à la même heure, et l'envahissement des Tuileries n'a précédé que de quelques instants l'envahissement du Palais-Bourbon.

III. Fin de la pairie.

1. *Qu'on fasse la pairie héréditaire de droit,* DE FAIT, ELLE NE SERA PAS MÊME VIAGÈRE.

La Vérité politique, p. 15 (1831.)

2. *En quelque façon que s'effectue le remaniement de la pairie*, LE PLUS FRÊLE SOUFFLE, LA PLUS

MINCE VAGUE, SUFFIT A ÉBRANLER, A ABATTRE L'ÉDI-
FICE A RAS TERRE.

A la Chambre des pairs, II, p. 13 (1831).

3. *Allez, nobles pairs*; allez, illustres seigneuries;
faites courte vie, mais bonne. SERA-CE DEMAIN?
APRÈS-DEMAIN? IL N'Y A DE DOUTE QU'ENTRE CES
DEUX TERMES.

De la Chambre inamovible (suite), p. 6 (1831).

M. de la Gervaisais avait vu et prédit avant la révolution de Juillet, que, cette révolution survenant, la
pairie serait *laissée en arrière*; il devait donc annoncer
logiquement, qu'après une autre révolution la pairie
cesserait d'être. J'aurais pu citer d'autres fragments de
lui, inspirés par la même conviction, mais ceux-là m'ont
paru très-suffisants.

Quant à la forme un peu dégagée qu'emploie M. de
la Gervaisais en parlant d'un des grands pouvoirs de
l'État, on se l'expliquera sans peine si l'on veut bien
lire, dans les *Jugements*, son opinion sur la composition
de la nouvelle pairie.

IV. Rôle de la garde nationale au 24 février.

.... On pourra objecter que l'intérêt suprême
est protégé par les gardes nationales, c'est-à-dire
le peuple armé lui-même : les faits se charge-
raient de répondre à cette objection. La garde
nationale n'étant que la nation armée, naturellement se divise dans tous les intérêts qui divisent
la nation. *Dès que la portion la plus nombreuse*

ou la plus active méconnaîtra l'intérêt suprême de notre société actuelle, elle voudra RÉFORMER *cette société.*

Considérations sur les destinées humaines, p. 160 (Déc. 1830).

Selon M. de la Gervaisais, le destin du roi Louis-Philippe dépendait de la conduite plus ou moins réfléchie que la garde nationale, ou même seulement une portion de ce corps, tiendrait dans des circonstances données : l'événement a prouvé qu'il voyait juste. Mais j'appelle surtout l'attention du lecteur sur cette expression véritablement prophétique, employée en parlant de la garde nationale : *elle voudra réformer,* etc. Il semble que dix-huit ans à l'avance, M. de la Gervaisais ait entendu le cri de guerre au bruit duquel le trône de Juillet devait s'écrouler.

V. La République.

1. *Telle est la fatalité*[1]. *Entre la monarchie actuelle et une république quelconque, point de milieu juste ou non juste.*

Du règlement de la dette, p. 23 (1834).

2. L'expression de république est de l'or-

---

[1] Ce mot, *fatalité,* se représente fréquemment dans les écrits de M. de la Gervaisais. M. de la Gervaisais n'était cependant point fataliste ; nul écrivain n'a cru plus fermement à la liberté de l'homme. Mais il croyait aussi qu'il y a dans les événements une suite, une logique, des conséquences auxquelles la volonté et la puissance humaines ont beaucoup de peine à se soustraire. Au surplus, si l'on veut mieux connaître le sens précis que notre auteur attache à ce mot, on peut lire, à la fin des *Jugements,* le fragment intitulé : *Ce qu'il faut entendre ou périr.*

dre négatif, et ne signifie que l'absence de la royauté. *On n'est pas républicain : on est anti-royaliste. On n'aime pas la République : on hait les rois.*

En effet, comment se prendre à la République pour la vouloir, pour l'aimer? Où la trouver, où la chercher seulement? En France, dans le siècle, c'est comme un de ces nuages orageux dont les formes se prêtent aux rêves de l'imagination. Aussi nul ne s'en fait une idée pareille, même une idée précise. Le mot est mis en avant, le sens reste en arrière.

La République apparaîtrait soudain; l'effroi, l'embarras seraient grands parmi ses plus ardents prôneurs.

La République, p. 3 (1833).

3. « *La République se meurt, la propagande est morte.* » Ainsi parle une feuille impudemment menteuse, ou imbécilement trompée. « LA RÉPU-BLIQUE EST IMMANQUABLE[1]! » répond l'homme loyal et sensé.

Ce ne sont pas les républicains qui font la ré-publique : ce sont tous les autres, sauf eux. En France, légitimistes et juste-milieu, tiers-parti, compte-rendu. Dans l'Europe, princes quelcon-

---

[1] Dans le texte publié par M. de la Gervaisais, ces mots sont imprimés en lettres italiques.

ques, même François et Frédéric, par-dessus tout Nicolas. Légitimistes, qui prêchent le suffrage universel, qui minent l'autorité en son essence, qui maudissent la prudence des rois ; tiers-parti et compte-rendu, qui, se disant ou se croyant monarchistes, s'opposent à ce que leur prince gouverne, et prétendant qu'il fait tout, diffament tout ce qui se fait. Juste-milieu, ou plutôt laissant le vain sobriquet, pouvoir en exercice, qui, au mépris de son origine, se rend de plus en plus impopulaire, qui heurte et blesse tous les instincts de moralité, qui méprise, qui viole tous les préceptes d'humanité.

Quant aux rois de l'Europe, à prendre la chose dès l'origine, sinistre congrès de Vienne, qui tranche à travers les Etats, qui se fait une pâture des peuples; triple alliance, qui tolère ou autorise les ineffables horreurs de Pologne.

Les uns et les autres, à l'envi ce semble, pendant que les sectateurs de la République éloignent d'elle par leur âpre franchise, s'en rendent les fauteurs aveugles, lui rejetant, lui renvoyant comme au dernier asile, tout ce qui souffre et de l'âme et du corps.

La Catastrophe, p. 16 et suiv. (1835).

4. BIENTOT LA RÉPUBLIQUE ARRIVE...

Qu'est-ce qui s'efface chaque jour? Les habi-

tudes du passé, les attentes du présent, les craintes de l'avenir. Qu'est-ce qui s'avance à la place ?
Le passé en mépris, le présent en horreur, l'a-
venir en espoir. Ce qui était, ce qui est, dégoû-
tant l'esprit ou soulevant le cœur, point de refuge,
de repos, qu'en ce qui sera.

*C'est fou, sans doute. A peine s'étant élevé, non
sans grands frais et de sang et d'argent, au plus
haut ; il y aura, non sans grands frais aussi, à
retomber au plus bas.*

*Cela ne fait rien ; cela ne se sait, ne se sent
qu'après. La faute précède la leçon. Comment les
innovateurs seraient-ils plus prudents que les con-
servateurs ?*

La Catastrophe, p. 18 et suiv. (1835).

La République, disait M. de la Gervaisais, est *immanquable*, et elle remplacera *sans intermédiaire*, la monarchie de Louis-Philippe. Cette prophétie s'est accomplie à la lettre.

Ce que dit M. de la Gervaisais de *l'embarras* des vainqueurs à l'avénement de la République, est également
une prophétie qui ne s'est que trop réalisée.

Mais quelque curieuses que soient ces prédictions,
il y a dans les fragments qui précèdent quelque chose
de plus remarquable encore, à mon avis ; c'est l'opinion de l'éminent publiciste sur les fauteurs de la République. Cette opinion mérite, ce me semble, d'être
sérieusement méditée par tous les hommes que leur
position met à même d'influer sur les destinées de ce
pays.

VI. Révolutions en Europe.

A peine la révolution de 1789 émeut les peuples, qui, heureux ou malheureux, jouissent ou souffrent à la manière de la brute. Mais les armées françaises sillonnent l'Europe en tout sens, et la routine est violemment rompue ; et l'idée éclate, au choc des têtes.

Aussi la révolution de 1830 se fait presque européenne : mettant partout les esprits en mouvement et souvent les bras en action.

VIENNE UNE AUTRE ENCORE ! CE SERA BIEN PIS.

La République, p. 6 (1833).

Encore une prophétie accomplie !...

Après la révolution de Juillet on avait vu l'insurrection de Pologne, l'insurrection d'Italie, l'expédition d'Ancône, le siége d'Anvers, la guerre civile en Espagne.

Après la révolution de Février, *ç'a été bien pis.* Insurrection à Berlin, insurrection à Vienne, révolution et guerre de Hongrie ; insurrection à Prague, à Cracovie, à Lemberg ; insurrection et guerre du Schlesswig ; parlement de Francfort ; insurrection à Dresde, à Leipsick, à Dusseldorf, à Elberfeld, à Iserlohn ; insurrection et révolution de Bade ; révolution des principautés danubiennes ; révolte de Milan ; révolte de Venise ; guerre de Lombardie ; révolution de Toscane ; révolution de Rome ; insurrection à Naples ; révolution et guerre de Sicile ; révolte de Gênes ; mouvement de Chambéry. Et tout cela dans un espace de moins de deux ans, depuis la révolution de Février !

On remarquera que le fragment cité ci-dessus est extrait d'un écrit intitulé *la République.*

VII. Guerre civile dans Paris.

*Si l'adulation tue les princes, elle n'est guère
moins nuisible aux* CAPITALES *et aux peuples....*
J'aime et j'estime assez le peuple de Paris, celui
de France, et tous les hommes mes contemporains
pour leur dire : « Vous êtes en danger d'être portés à vous entredéchirer, comme se sont entre-
déchirés ces malheureux Grecs, ces malheureux
Romains du Bas–Empire, nos maîtres en civilisation ; et enfin pour parler le langage de la multitude, vous êtes en danger d'être réduits à vous
entredévorer, comme des bêtes féroces, affamées,
enragées.

Considérations sur les destinées humaines, p. 208 (Déc. 1830).

M. de la Gervaisais prévoyait d'immenses dangers
pour toutes les capitales de l'Europe ; les événements
qui ont suivi la révolution de Février ont montré la jus-
tesse de son coup d'œil. Quant à Paris en particulier,
les journées de juin n'ont-elles pas été l'accomplisse-
ment de cette prophétie ?

VIII. Avénement d'un Napoléon.

ETANT DONNÉ UN NAPOLÉON, SI FRÊLE ET SI EXIGU
QU'IL FUT, TELLE EST LA SOIF DE REPOS, LA RAGE DE
CALME, QUE DE TOUTES PARTS IL Y AURAIT PRESSE A
TENIR L'ÉTRIER ET MÊME A SERVIR D'ÉTRIER A QUI

SEMBLERAIT DE TAILLE ET DE TOURNURE A ENFOUR-
CHER LE DESTRIER ABSOLUTISTE.

La Catastrophe, p. 6 (1835).

UN NAPOLÉON !... *Il y aura presse à tenir l'étrier....,*
etc., etc., disait M. de la Gervaisais... L'élection du Dix-
Décembre, les cinq millions et demi de suffrages dé-
cernés à ce nom qui signifie si hautement restauration
du pouvoir et maintien de l'ordre, voilà, ce me semble,
la réalisation de cette prophétie.

L'éditeur de ce recueil a reproduit avec la plus scru-
puleuse fidélité le texte de M. de la Gervaisais, comme
c'était son premier devoir. Mais peut-être n'est-il pas
inutile d'ajouter que, dans ce passage, l'éminent publiciste n'a pu songer à désigner aucune personne en
particulier. Il annonçait une situation et non pas un
homme.

CHAPITRE II.

PRÉDICTIONS POUR L'AVENIR.

I. Fin de la République. — II. Révolution sociale en France.
—III. Crise de dissolution en Europe.—IV. Vienne l'abîme !

I. Fin de la République.

1. En fait de république, les jours sont comptés
pour son avénement, comme ils sont marqués pour
sa durée.

La République, p. 18 (1833).

2. La République apparaît, *la République disparaît.* Elle apparaît, parce que sur l'orbite indéfini

4

des crises révolutionnaires, c'est la phase finale,
où le mouvement incessant pousse et se perd.
Elle disparaît, parce qu'à ce terme, le dévergon-
dage de cœur, le vagabondage d'esprit étant parvenus à l'extrême, enfin la sphère sociale éclate
et se brise...

*La République est prédestinée à l'œuvre de
clore l'ère présente et d'ouvrir l'ère future, de
trancher net la chaîne rouillée des temps, de jeter
la planche de transition entre la monarchie tem-
pérée et le despotisme absolu.*

La Raison des temps, p. 28 (1836).

II. Révolution sociale en France.

1. Le terrible drame aura son cours : de scène en
scène dévorant les acteurs ; en leur place attirant
les spectateurs ; enfin abîmant et le théâtre et le
parterre.

La République, p. 9 (1833).

2. C'est la loi suprême que ce qui a eu commencement aura fin, que rien n'est stable, im-
muable, ici-bas.

L'avenir accourt. Voilà qu'elle est commencée
la ruine de ce qui existait, qu'elle est close à jamais l'ère sous laquelle tout vivait encore ; et
sur l'instant, c'est un autre cycle qui s'ouvre,
dévoué à la même destinée ; c'est un ordre nou-

veau qui surgit à travers le chaos, s'érige sur les débris, et demeure jusqu'au terme assigné d'avance.

Quoi qu'en disent les esprits faibles, les faibles cœurs, il n'est apparu encore que des signes précurseurs, que des tonnerres avant-coureurs, trop semblables à ces éclairs de chaleur, dont l'avénement au soir d'un jour serein annonce pour quelque époque peu lointaine un de ces orages surchargés de foudre, fouettés par la tempête, qui, dans l'ordre physique, menace de bouleverser le globe, et dans l'ordre social, arrache le monde à ses errements accoutumés, réduit en poudre son pivot immémorial, et l'enlève, le ballotte dans l'espace, le retourne en sens contraire.

La Royauté possible, p. 12 et suiv. (1835).

3. Les présages du temps passé déjà réalisés, et les présages du temps actuel bientôt réalisés, au sujet des crises couvées sous l'influence des actes, écloses à l'avénement des hasards, n'ont point été, ne sont point admis, accueillis.

Le vrai, le sensé, disent où doit conduire la marche suivie ; le juste, l'honnête disent comment on devrait prendre une autre route. Peines vaines ! On ne veut pas voir, parce que c'est le péril qu'il y a à fixer : on n'entend pas agir, bien que ce soit le salut qu'il y ait à saisir. *Et vient d'abord*

une crise première où nous sommes, puis une
crise seconde où nous allons, enfin une crise der-
nière où nous resterons.

La Raison des temps, p. 9 (1836).

4. Hommes du jour, ou vous vous trompiez sur
votre puissance, ou vous trompiez dans vos
promesses. L'effet est pareil : la méprise n'est pas
pardonnée, parce que le mécompte ne pardonne
pas. Les haines chargées de vengeance montent
au *maximum.* Et le pouvoir ne rentre pas, ou ne
tient pas aux mains des hommes du temps, pour
vous protéger. Même l'autorité quelconque n'a
point à s'ériger, à se fonder sur cette poussière
de débris, sous cette tempête de crises. Rien que
l'excès met un terme aux excès.

Vous périssez coupables ; nous périssons innocents. Après vous, avec nous, tout périt.

L'Etat de guerre dans la société, p. 24 et suiv. (1833).

5. Malheur à qui ne voit dans les crises du siècle que des symptômes essentiels de liberté et
d'égalité ! Ce sont vains mots pour ceux qui mar-
chent sous le drapeau, comme pour ceux qui le
tiennent en main. Ici, le pouvoir; là, les besoins :
voilà les vrais stimulants.

Seulement l'instinct du besoin, jusqu'alors
comprimé, s'est dilaté et développé au souffle de
la liberté. Il s'est transformé en un sentiment

impérieux. Et les lumières, comme on est convenu de les appeler, s'étant insinuées dans les esprits, amènent l'appréciation des droits respectifs...

Ces ferments ont à agir : d'abord sur la classe ouvrière entassée dans les fabriques, abrutie par le métier, perdue de principes et de mœurs, gâtée par l'exemple et la lecture ; ensuite sur la classe campagnarde, mal logée et mal nourrie, née dans l'ignorance et vivant dans la défiance, induite et égarée par le transport insolite des propriétés.

Folles gens ! ils jouaient entre eux à la liberté, ou plutôt à l'autorité avec des sophismes... Voilà que la vanité, l'ambition, la vengeance, se sont échauffées au jeu ; et des partenaires ont été appelés, qui raviront la double mise.

La Leçon de justice, de prudence, p. 26 et suiv. (1831).

6. Déjà, l'équilibre est difficile à garder en repos ; au moindre mouvement, la machine se détraque.

Une crise encore ! l'ouvrier expulsé du travail, exténué de besoin, se fait justice, fait sa part lui-même.

Une crise encore ! le paysan excité par le double exemple des fortunes spoliées et des fortunes spoliatrices, se rue sur la grande et la moyenne propriété; et aigri par la résistance ou enivré de la victoire, brûle châteaux, maisons.

Rien ne retient : ni les habitudes dès longtemps rompues, ni les lois maintenant méprisées, ni les mœurs enfin anéanties.

La Crise sociale, p. 31 et suiv. (1833).

7. La noblesse et l'Eglise, se tenant à l'écart, étant mises à part, il ne reste au gouvernement, n fait de têtes à concevoir et de bras à exécuter, rien que la classe dite moyenne.

Ici, qu'on prenne bien garde! La révolution fut faite par la classe moyenne, contre la classe alors supérieure : et la révolution serait faite par la classe infime, contre la classe maintenant éminente. La révolution fut faite au flambeau, jetant des lueurs plutôt que mettant le feu, des écrits du dix-huitième siècle : et la révolution serait faite à la torche, semant l'incendie plutôt que propageant les clartés, des faits et gestes d'un demi-siècle. Entre la classe par qui serait faite, et la classe contre qui serait faite la révolution, il n'y a plus d'intermédiaire apte à amortir le choc, plus d'entremise habile à adoucir les coups. Face à face se rencontreraient les deux bandes, l'une rare en nombre, timide de cœur, glacée d'épouvante, et l'autre énorme de masse, bouillante de furie, enivrée de confiance. Combat à outrance, victoire à coup sûr, défaite à plate couture, et subversion des choses, dévoration des êtres, conflagration du sol : ainsi cela se passerait...

Or, voilà où l'on va, abusant des chances du sort, oubliant les leçons du passé, inappris aux présages de l'avenir.

La Raison des temps, p. 26 et suiv. (1886).

8. Après tant de révolutions qui toujours promettent, qui jamais ne tiennent, le désespoir tournant en un accès de rage, on voit s'ouvrir l'ère de subversion, d'extermination. Ère formidable, où le passé est mis à néant, où l'avenir surgit du chaos, où les existences suspendues dans le vide se heurtent, se froissent, se brisent. Il semble d'une immense hécatombe de vies et de fortunes, que commande la vindicte céleste. *Ceux qui avaient, ceux qui étaient, sont perdus corps et biens, sans que nul recueille l'héritage.*

Il y a du mal pour tous : le tort est à quelques-uns.

Tels et tels ont oublié qu'ils n'étaient pas seuls sur la terre, pas seuls de leur espèce, pas seuls à titre égal [1]. Ils pèchent depuis la première génération ; ils sont frappés jusqu'en la dernière.

___

[1] En employant cette expression, *à titre égal*, M. de la Gervaisais, placé au point de vue chrétien, n'a voulu évidemment parler que de l'égalité d'essence et de nature.

Et c'est juste : non pas suivant les règles étroites d'ici-bas, mais suivant les larges vues d'en haut. C'est juste... de la justice de Dieu.

L'Etat de guerre dans la société, p. 15 (1833).

9. Si ce n'est aujourd'hui, ce sera demain, ce sera tôt ou tard qu'éclatera la lutte entre ceux qui ont et ceux qui n'ont pas... LUTTE ÉPOUVANTABLE, ATTENDU QUE, d'après ses suites, CEUX QUI N'ONT PAS MANQUERONT ENCORE DAVANTAGE, ET CEUX QUI ONT PERDRONT DE PLUS EN PLUS.

Exposé de la ligne politique, p. 83 (1835).

10. Le char des révolutions ne s'arrête qu'au fond de l'abîme. Sur une pente aussi rapide, chaque tour de roue, en se succédant, aura de plus en plus un mouvement accéléré, précipité.

De ceux qui ont en naissance, en fortune, en intelligence, l'action se propagera à ceux qui n'ont en propriété que leurs bras. Ici, point de jugement. L'esprit d'imitation entraîne seul. On voit la force abaisser ce qui était en haut, élever ce qui était en bas. On se tâte alors, on palpe sa puissance : on attente aussi ; on prétend, non pas s'élever au niveau ; mais abaisser à son niveau. C'est le sort et c'est le péril des masses. Impuissantes à atteindre, à s'asseoir au faîte, elles sont vouées plutôt à abattre les sommités sociales, à niveler l'édifice au ras du sol.

Il y a la classe ouvrière, la classe paysanne...

L'industrie est entée sur le monopole des mécaniques, lequel a créé une race d'ilotes. Et quand l'autorité maintenait à grand'peine cet état de servage, voilà qu'on a remis en leurs mains la bannière, les armes du libéralisme. Sparte, si prudente, ne se préserva pas de la révolte; Paris, tant inconsidéré, ne se sauvera pas de la ruine. L'hiver et la faim, les journaux et les cabarets, la guerre surtout se chargeront de mettre le feu aux poudres.

Viennent maintenant les campagnes! On se rappelle la Jacquerie, les gueux du Brabant; on connaît les troubles de la Westphalie, de la Belgique. Pourtant, en ces temps, en ces lieux, l'ascendant des curés, le patronage des seigneurs subsistaient. En France, il n'y a personne pour guider et retenir, pour surveiller et punir. La prééminence native est méprisée; la prééminence conquise est détestée. Même, la commune n'existe pas : institution hostile à l'autorité et propice contre l'anarchie. Qu'une tête s'échauffe, qu'un bras se lève, aussitôt tous les esprits, toutes les forces s'unissent, se meuvent et dévastent, ravagent, ruinent le pays. D'une part les récoltes sont consumées; de l'autre, les labeurs, les semailles sont entravés. La rage aveugle dévore

ses propres ressources; et ses ressources s'apau-
vrissant de plus en plus, la rage s'exalte d'autant.

Or, tous moyens manquent. Nul impôt ne
rentre : le foncier et le mobilier ne trouvent pas
de recors à affronter les coups de fusil. Les vins
repoussent l'exercice; les tabacs s'esquivent au
compte; les sels sont enlevés sur les routes, les
rivières. Enfin, les produits étrangers s'ouvrent
l'entrée, inondent le marché. Nulle force ne
s'offre : les gardes urbaines n'iront pas s'aventu-
rer à travers les épaisses haies, les chemins creux.
La troupe ira peut-être et ne rentrera pas : la
débandade s'y mettra, car la troupe aussi est su-
jette à la contagion.

C'est la dissolution de la société.

La loi des circonstances, p. 13 et suiv. (Décembre 1830).

III. Crise de dissolution en Europe.

1. L'Europe est entrée dans une ère clima-
térique, qui s'ouvrit par la révolution de France,
qui aboutira à la dissolution de la société; et
les gens à vue courte, à vue trouble, sont insensés au même degré, en n'apercevant dans cette
crise qu'un épisode fortuit, en se promettant à
son terme un dénoûment pospère.

La Vérité diplomatique, p. 9 (1841).

2. Le principe de dissolution est essentiel : la

ré olution en fut le premier symptôme : la crise n'a été interrompue que par l'effet de sa violence même... Nulle puissance humaine n'est capable de faire rebrousser le cours des choses. Un jour ou l'autre, l'ordre social sera bouleversé de fond en comble; l'Europe passera sous le coup des vicissitudes subies par l'Amérique [1]. Ce n'est qu'après une période prolongée que ces contrées épuisées parviendront à une nouvelle organisation.

La loi des circonstances, p. 2 (1830).

3. La société humaine, quelle que soit sa forme, naît, mûrit, vieillit et meurt. Jusqu'à présent, ce fut de mort violente, par la voie de la conquête : les peuplades barbares terrassant les nations décrépites. Désormais ce sera de mort naturelle, dans les transes de l'agonie; *l'état de corruption morale menant à celui de la dissolution sociale.*

Même il n'y a plus lieu à la chance prédite par Napoléon : «Avant cinquante ans, l'Europe sera république ou cosaque. » Car la puissance russe, si formidable à la tête des armées du continent, a manifesté sa faiblesse réelle, et devant la Turquie et devant la Pologne. *Il faut dire plu-*

[1] Dans la pensée de M. de la Gervaisais, il s'agit ici de l'Amérique du Sud.

tôt : L'EUROPE SERA RÉPUBLIQUE, ET PAR SUITE SERA COSAQUE.

La République, p. 7 et suiv. (1833).

IV. Vienne l'abîme !

Le sort en est jeté : le sort est mérité.

Vienne l'abîme ! plus tôt que plus tard. Jusque-là les voies de perdition s'élargissent, les causes de réaction s'aggravent, de sorte à rendre la crise de plus en plus affreuse. Là seulement s'offre un point d'arrêt, la pente y manquant, et s'offre un point d'appui, le fond s'y rencontrant.

Vienne l'abîme ! Avant, c'est de pis en pis ; après, ce sera de mieux en mieux. Le mal étant rendu à l'impuissance, la puissance retourne au bien.

Voilà que s'en manifeste l'irrésistible nécessité. En vain est mise sous les yeux la Catastrophe finale [1] crise de subversion des choses, d'extermination des êtres : nul n'a le cœur de nier ; nul n'a le sens d'entendre et d'agir. Gouvernants et gouvernés au pair sur ce point, vivent au hasard, vivent en l'air, doutant du jour qui luit, ne comptant sur le jour qui suit.

---

[1] M. de la Gervaisais fait allusion à un de ses écrits précédemment publié, intitulé : *La Catastrophe.*

Vienne l'abîme ! Ce sera la nouvelle du lendemain...

Le pouvoir se perd et nous perd : qu'on le laisse se perdre ; qu'on tente de se sauver. Mais non ! la gent moutonnière marche d'un pas calme vers l'abattoir ; la noble race de 1793 marche le front serein à l'échafaud...

Vienne donc l'abîme ! puisque chacun le veut, puisque chacun y va. Vienne vite l'abîme ! puisque la leçon suprême ne jaillira que de l'extrême leçon.

Et cependant, gisant sur les bords escarpés du gouffre, ou surnageant à travers l'écume bouillonnante, ces feuilles éparses diront, qu'entre les murs de la Sodôme de vanité et d'avidité, d'ineptie et d'apathie, existait un homme haut de cœur, fort de tête.

Vienne l'abîme !... De toute part, effroi, horreur, remords, atterrent, écrasent. Ici seulement, le coup est attendu, est accueilli !

La Forfaiture, II, p. 19 et suiv. (1835).

Tout le monde comprend pourquoi je me suis abstenu d'annoter aucun des fragments qui composent cette seconde partie des prédictions. Je ne placerai ici qu'un seul mot : c'est pour faire remarquer l'espèce de prophétie contenue dans les dernières lignes de ce morceau, véritable hymne funèbre en l'honneur de la société. M. de la Gervaisais semble avoir pressenti qu'un jour où l'autre, au milieu des crises qu'il voyait dans l'avenir, les feuilles éparses par lui jetées au vent seraient curieusement recueillies, et révéleraient à la France le nom d'un prophète qui avait passé parmi nous inconnu.

DEUXIÈME PARTIE.

JUGEMENTS.

CHAPITRE PREMIER.

I. Des révolutions.

1. Nous sommes en France, en 1789. Dans
cette nation rien ne dénote un corps social, rien
n'annonce une chose publique. Il ne s'y rencontre que des castes, des classes, chacune concen-
trée en elle-même, toutes isolées, opposées entre
elles. Au premier rang, la futilité ; au dernier
rang, la brutalité ; dans les rangs intermédiaires,
la servilité : tels sont les caractères. Et l'enfance
est tenue à l'école des Grecs, des Romains ; et la
jeunesse passe à la merci du Voltaire, dont le
trait acéré déchire les voiles ; du Rousseau, dont
la pioche opiniâtre met à découvert les fonde-
ments.

Or, voilà que le pouvoir absolu est cédé ou est

ravi. On réussit à se rendre maître, et non à se
tenir libre et juste ; tant l'impulsion de la populace entraîne ; tant la résistance des ordres et la
répugnance du trône excitent. Bientôt l'hostilité
mutuelle subit une commune expiation.

Arrive le Directoire. Nation flasque et frivole
qui abdique tout droit, qui se confine en la vie
privée.

Apparaît l'Empire. Nation dégoûtée d'elle-
même, qui s'aliène corps et biens à titre gratuit ;
qui se fait à la servitude, n'ayant su que faire de
la liberté.

Advient la royauté. Nation revenue d'erreur,
rendue à l'espoir, qui délaisse la gloire pour la
paix, et se délecte dans la prospérité.

On se fait trop puissant, d'une Charte octroyée
par grâce ; on tente d'en saisir, d'en ravir tous
les fruits. Les périls menacent... la foudre gronde.
A ce terme, le génie serait en peine. Au lieu de
génie, la périlleuse tâche est remise à de faibles
esprits.

Ainsi survient le 29 juillet...

JOUR DE DEUIL, D'ABORD POUR CEUX-CI, PUIS
POUR CEUX-LA, ENFIN POUR TOUS ; A MESURE QUE,
TOUR A TOUR, ILS AURONT ÉCHOUÉ A RIEN FONDER A
LA SUITE.

La Catastrophe, p. 11 et suiv. (1835).

Toute la seconde partie de ce recueil est, comme la première, remplie de l'esprit prophétique. Mais ici il me semble inutile d'ajouter au texte aucune note. Je me bornerai à prier le lecteur, une fois pour toutes, de vouloir bien remarquer le *titre* et la *date* des divers écrits d'où j'ai extrait ces fragments.

2. Toute révolution, bien qu'en apparence elle porte le signe d'un acte, en réalité n'offre que le caractère d'un fait. Conçue aux secrets du temps et nourrie des faveurs du sort, enfin, au terme marqué par la fatalité, elle éclôt, elle éclate à l'improviste. Alors surviennent tels et tels que la chance avait portés sur le passage ; et ils s'imaginent l'avoir entreprise, au lieu qu'elle-même s'est servie d'eux. A vrai dire, dans une révolution, il n'y a point d'auteur ; sauf que ce soit l'esprit du siècle, expression d'une immensité de causes diverses et confuses. A peine quelques-uns ont titre à s'en prétendre les fauteurs : ou plutôt spectateurs perdus dans la foule, à l'approche du dénoûment, ils se sont élancés sur le théâtre, et ont singé le rôle d'acteurs.

Les Besoins et les Droits, p. 11 et suiv. (1832).

3. Une révolution n'a lieu qu'à l'improviste, à l'insu, et souvent en dépit du plus grand nombre des acteurs. C'est un entraînement subit qui égare ; c'est un tourbillon violent qui emporte : le temps manque à la raison, et le pouvoir à la

volonté. Tout est consommé avant qu'on s'en doute ; puis on s'étonne et l'on s'afflige.

La nouvelle Chambre, p. 6 (1827).

II. Ce qui produit les révolutions.

1. Toute révolution est l'enfant d'une idée. Et l'idée mère, faible et légère à l'origine, se raidit devant les obstacles, est rivée par le laps du temps, enfin domine, opprime l'intelligence.

Dans ce siècle, l'idée mère qui court le monde, c'est, ou la souveraineté du peuple, ou la liberté et l'égalité de l'homme, ou l'honneur et la gloire du pays : l'une comme l'autre, d'abord abstraite, bientôt absolue ; devant qui rien ne compte, ne pèse.

Comment se distraire de si hautes destinées ? Comment descendre sur la vraie terre et s'abaisser jusqu'à la vie réelle ? Que le peuple meure ! mais égal et libre, mais souverain, mais glorieux !

L'État de guerre dans la société, p. 18 et suiv. (1833).

2. En ce siècle, la variété, et par conséquent la mobilité des idées, se montrent au degré le plus éminent ; comme aussi l'empire de l'idée est parvenu au dernier point de prépondérance. A la fois, l'idée obsède et possède. L'idée s'enfante à part des données réelles, et s'assouvit à l'encontre des intérêts positifs. Crise formidable, at-

tendu que, ni le langage de la raison, ni la
raison des armes n'ont de prise sur l'idée.., Il
semble de la puissance électrique qui, en une façon presque insensible, charge une batterie fou-
droyante. Et de même, le coup part, l'explosion
a lieu, la ruine s'ensuit. Puis, tout rentre en
repos.

Les Nécessités de l'époque, p. 24 et suiv. (Déc. 1830).

III. 1789 et 1830.

Qu'on ne compare jamais 1789 à 1830 ! Alors
c'était un excès d'exaltation ; aujourd'hui c'est
une crise de dissolution. Où retrouver cette première innocence de liberté, qui se fiait, se livrait
à la merci des meneurs? Où retrouver cet instinct d'intégrité, cette énergie de loyauté, ce culte
de nationalité? Tout était illusion ; tout est positif et matériel.

Exposé de la Ligne politique, p. 87 (1835).

IV. Effet des révolutions sur le bien-être du peuple.

Les révolutions vont toujours au détriment de
l'humanité, représentée par la population presque totale.

En France, avant 1789, en Europe, d'année
en année, une amélioration, très-lente sans
doute, s'opérait en faveur des classes misérables,

tant par les mœurs que par les lois. Et un ralen-
tissement fort sensible était marqué dans l'alter-
native accoutumée des guerres, à raison des
mœurs aussi et des rapports en outre. La route
était ouverte, la fin était aperçue.

Arrive la révolution de 1789 : et quoique les
charges fiscales soient abolies presque en entier,
bientôt les pertes et les désastres viennent dépasser le bienfait.

Ne parlons pas de l'Empire ; bien qu'étant
l'appendice inévitable de la Révolution, il devrait
lui être imputé, avec son immense consommation
en hommes, en écus.

Laissons aussi la Restauration !!!...

Survient la révolution de 1830, installant au
faîte, enrôlant à titre d'élite, une classe nombreuse inférieure ; qu'enivre la coupe du pouvoir,
dès la première gorgée, et qui aspire à se détacher
de la masse, par cela même qu'elle en est rappro-
chée. Il faut l'éclairer plutôt que l'accuser : les
diverses sphères du monde social étant attirées
ou repoussées par des forces à peu près irrésisti-
bles.

Même, quel que soit l'oubli ou le mépris de
l'homme, il y a à craindre plutôt qu'à espérer de
son expulsion du pouvoir ; attendu que, suivant
la loi de ces forces, d'autant la classe supplan-

tante serait nombreuse et inférieure, d'autant elle s'enivrerait à la coupe, d'autant elle aspirerait à se détacher...

En telle façon, que LORS DE LA CRISE ACCOMPLIE SOUS LE TITRE DE RÉPUBLIQUE, CETTE DÉPENSE SERAIT MOINS PROLONGÉE SANS DOUTE, MAIS SERAIT PLUS IN-TENSE AU MOMENT QUE CELLE DE L'EMPIRE MÊME.

Ce qui mène à cette haute leçon, qu'en poli-tique, le bien ne s'opère qu'à l'aide du temps ; et que le plus souvent, en proportion du prétendu progrès dans la forme, il s'ensuit une marche rétrograde quant au fond.

La Société à l'état de paix, p. 15 et suiv. (1834).

V. Des révolutionnaires.

Dès longtemps, les économistes brûlent leur chandelle de grenier, à s'éclairer sur la création des richesses : au premier jour, les révolution-naires, las de n'y voir goutte, s'en vont trancher et ouvrir la matrice sociale, où s'opère le travail ; fort ébahis, ainsi que le maître de la poule aux œufs d'or, de ne rencontrer qu'une poche désor-mais stérile.

La Société à l'état de paix, p. 24 et suiv. (1834).

VI. De la masse neutre dans les révolutions.

Au sujet des crises révolutionnaires depuis un

demi-soiècle, au lieu d'accuser surtout l'action,
il y a plutôt à blâmer l'inaction ; laquelle en vint
à tel point que, sous la terreur, un centième de
la France tenait à la chaîne, poussait sous la ha-
che l'immense majorité. Or, qui peut se promettre
que la même cause n'aboutisse au même effet?
Qui peut se plaindre si le même tort était suivi
de la même peine?

La Société à l'état de paix, p. 6 (1834).

VII. De la loi de réaction en politique.

1. Une irrévocable, une irrésistible loi régit le
monde physique, et moral et social. Dans quelque
ordre que ce soit, le mouvement ne porte point en
lui-même un terme quelconque ; comme aussi, un
terme lui est imposé à la rencontre des obstacles,
qui s'amoncellent, se fortifient, d'autant qu'il s'est
avancé dans l'espace, et dont la résistance néga-
tive l'arrête d'abord ; puis, tournant en une impulsion positive, détermine son cours dans le sens
contraire, avec la même vitesse. De là, cette suite
d'oscillations alternatives, toujours d'égale inten-
sité. De là, à point nommé, cette survenance de la
réaction, exactement proportionnelle, rigoureu-
sement équivalente en force, en vivacité, à l'action qui l'a produite et qu'elle doit détruire.

Les Conseils de 1828, politique intérieure, p. 24 et suiv.

2. Le pouvoir revient toujours dans la mesure proportionnée aux nécessités de la société, dans une mesure d'autant plus large, en raison du progrès de l'anarchie, en conséquence des révolutions successives.

Les Conseils de 1828, politique intérieure, p. 14.

3. Pour les princes comme pour les peuples, dès lors qu'ils se sont chargés d'une somme d'autorité ou de liberté supérieure à leur capacité, le faix les écrase ; et, comme la fausse honte les empêche de s'en débarrasser, il leur faut mendier quelque appui pour les soulager, déléguer une forte part de la tâche.

Ainsi apparaissent dans les empires, les proconsuls et les pachas, les préfets du prétoire et les maires du palais ; ainsi, pendant les révolutions, surviennent les Cromwell, les Bonaparte, auxquels la liberté inquiète de ses périls, fatiguée de ses écarts, se livre pieds et poings liés.

La Crise sociale, p. 2 (1833).

VIII. Funeste influence des révolutions sur l'esprit public.

1. Ainsi que le vin le plus pur, s'il est vivement remué, se trouble aussitôt et se charge de lie ; ainsi l'agitation imprimée aux nations, même quand elle aurait été excitée par les plus nobles

causes, enfante et nourrit dans leur sein des germes tôt ou tard funestes.

La Péninsule en tutelle, p. 26 (1828).

2. Qu'est-ce que la France ? qu'est-ce que le peuple ?

Qu'on aille demander le mot de l'énigme, si c'en est une encore, à ces révolutions incessantes, qui éclatent un jour ou l'autre, ici et là, et partout enfin, sur le globe social.

Ce que c'est que la France, ce que c'est que le peuple, rencontre une image parlante dans la fable d'Encelade foudroyé par Jupiter, enseveli sous l'Etna; dont les crises convulsionnaires ébranlent la masse inerte, renversent arbres et maisons, font table rase à la surface ; et cependant qui chaque fois leurré en ses bouillants espoirs, épuisé par ses efforts furieux, retombe sur lui-même, s'affaisse à plat, demeure écrasé du poids; non sans que le temps ravivant les forces, quelque essai nouveau, quelque autre épreuve n'ait lieu, toujours stérile à rendre la liberté, toujours prodigue à jeter des désastres.

Ce que c'est que le peuple, le voilà !

La Forfaiture, p. 3 (1835).

3. Le peuple, en ses douleurs aiguës, tâte de divers docteurs, tente de divers régimes. Qu'on

n'aille pas se mettre en tête, ni que l'amour l'attache à tel médecin, ni qu'il porte foi en telle or-
donnance. Il tâte, il tente, c'est tout.

De l'Œuvre sociale, p. 12 (1834).

4. La partie est mêlée, est brouillée au dernier
point. Ce n'est pas la confusion des langues ; c'est
la confusion des pensées, des sentiments. Au lieu
qu'au pied de la tour de Babel, les hommes ne
s'entendaient plus entre eux ; maintenant, sous
le coup des révolutions, l'homme ne s'entend
plus lui-même.

La Crise sociale, p. 9 (1833).

5. Le siècle joue la parodie de la civilisation.

De l'Opinion, p. 34 (1835).

6. Le siècle venu à la suite de l'âge de fer, et au
mieux dénommé l'âge de plomb, est tout à fait
inapte à aimer, incapable d'apprécier, est à peine
apte à haïr, capable d'improuver. Dégradation
des esprits, dépravation des mœurs, vont à l'u-
nisson, vont à l'extrême. Boue façonnée en borne :
voilà le siècle.

Premières Ombres de la barbarie, p. 14 (1836).

IX. De la peur.

1. Dès l'origine de l'ère ouverte en 1789, et
dans le cours de ses phases diverses jusqu'au point

où elle est rendue, comme si un je ne sais quel morne soupir de conscience suggérait qu'il avait été fait un mauvais coup, constamment a régné la peur, compagne assidue du remords éprouvé, du reproche attendu.

C'est le siècle de la peur ; et ce semble, il n'est écoulé qu'à moitié encore.

Massacres de septembre, assassinats du roi et de la reine, meurtres par le fer, le feu et l'eau, suicides au sein de la Convention, mise hors la loi des émigrés, des prêtres, ravages et incendies en la Vendée : ce fut imposé par la peur.

Et tous les actes quelconques du Directoire ; et cet acte le plus hideux, le plus odieux de l'Empire, tel qu'aux temps de la barbarie, il n'eut jamais son pareil, l'acte de Vincennes : ce fut commandé par la peur.

Et dans une phase contrastante, où un tel sentiment ne se rapportait point à la personne même, était comme justifié par l'aversion des mesures répressives, combien ne se rencontre-t-il pas d'actes auxquels la peur seule était de force à résigner le cœur !

Et sous la phase de juillet, qu'est-ce donc que ces menaces de guerre, ces tentatives de propagande, cet appareil d'armements, puis cette obligation du serment, cette épuration des offices, cette persécution de l'Église, enfin ces lois décorées par leurs auteurs du titre d'intimidation, sinon pour renvoyer ailleurs la peur qui tourmentait en l'âme?

Toujours la peur, partout la peur.

Premières Ombres de la barbarie, p. 12 et suiv. (1836).

2. La perfide et fatale peur, bannie des champs de bataille, se réfugie dans le silence des conseils.

Semblable à la froide bombe, dont les éclats vont mettre tout en feu, on vit la peur, couvée au sein de la Convention, vomir et les horreurs et les désastres.

Sainte-Hélène, Blaye, p. 19 (1833).

3. Ce qui a peur, c'est chacun, et c'est tous ; c'est la France entière, et certes à trop juste titre.

Comment n'avoir pas peur, et de soi et des autres, à peu près en égale raison ; alors que, depuis quarante ans, de tous les bords, on n'a eu soi-même, ils n'ont eu eux-mêmes, que des regrets à éprouver, que des reproches à se renvoyer?

Sainte-Hélène, Blaye, p. 5 (1833).

X. Le choléra-morbus moral en Europe.

De même qu'à la grande consternation des

âmes, advient fortuitement, ce semble, et court
de lieu en lieu, et débute, cesse, reprend, le choléra-morbus physique; de même, mais non cette
fois avec épouvante [1], attendu qu'on n'a pas la
conscience du mal et la connaissance des suites,
apparaît en une façon, avec une marche analo-
gue, le choléra-morbus moral, intellectuel.

Partant des points les plus opposés, né dans
l'Inde et en France, l'un et l'autre se renferme
quelque temps, se fortifie à un certain point au sein
de la mère-patrie; et alors se propage au plus vite,
se promène çà et là, parfois s'évanouissant, puis
éclatant de nouveau, enfin menaçant toujours,
partout. Comme aussi l'un et l'autre, en chaque
endroit, à chaque instant où s'exerce son action,
tantôt ronge et dévore la substance déjà appro-
priée à ses appétits furieux, tantôt travaille et pré-
pare au passage quelque autre part de substance
ainsi assimilée lors de son retour...

Par cela que l'homme n'est pas admis à la révélation des ineffables mystères de la nature, il lui
faut attribuer chaque symptôme nouveau à ce je
ne sais quoi vulgairement dénommé le hasard.

Habile en la science des mouvements du ciel,
il a su calculer l'orbite des comètes et les faire
passer du genre des météores au rang des étoiles;

[1] C'est-à-dire en produisant, en causant l'épouvante.

tandis qu'inepte à la connaissance des mouvements de l'âme humaine considérée en général, tout lui paraît phénomène, prodige.

Laissons parler les faits.

Qu'on déroule la carte d'Europe, et au delà, d'Amérique en totalité : partout la flamme s'élance dans les airs, ou le feu couve sous les cendres.

Dans la première catégorie, la mémoire rappelle, à peu près en cet ordre, les Etats-Unis et la France, l'Italie et l'Espagne, l'Amérique du Sud, la Grèce, la Suisse, la Belgique, la Pologne, et derechef, la France naguère, l'Espagne maintenant.

Dans la seconde catégorie, la pensée présente l'Italie entière, l'Allemagne aux trois quarts, seulement en travail intellectuel ; et la Hollande, la Prusse, les Etats-Unis du Sud, parfois en mouvement matériel ; enfin l'Angleterre, bien qu'en ce grand pays il y ait de fortes chances de salut.

Et qu'on voie çà et là comment, dans le cours de l'affection essentielle, radicale, tel symptôme disparaît, tel accès se termine, sans que le principe morbifique avance vers la guérison.

La Royauté possible, p. 15 et suiv. (1835).

CHAPITRE II.

I. Des Bourbons et de la Restauration.

1. Dynastie non pareille ! n'est-ce pas du chaos,
sinon du néant, qu'autour d'elle, que par elle, a
été créée la patrie?... Qu'était la France, lors de
l'avénement de la maison régnante? Son domaine
resserré entre la Loire et la Somme. Qu'est la
France, après des siècles écoulés sous de tels auspices? Sa conquête, circonscrite par trois mers
lointaines.

Seules au monde, la France, l'Angleterre, l'Espagne présentent ce caractère, qu'un Etat homo-
gène se soit formé de diverses contrées longtemps
hostiles.

Unique au monde, la France offre ce phénomène, que l'œuvre ait été accomplie sous la même
race de rois.

La Royauté, p. 3 (1829).

2. En France, la liberté n'a pas été conquise, ou, si la révolution doit passer à titre de conquête, on avouera que les vainqueurs écrasés sous le poids des dépouilles, s'empressèrent à se décharger du fardeau, et acceptèrent bientôt une chaîne apparemment moins pénible.

Certes, après quinze années écoulées dans la servitude, à travers deux invasions accomplies coup sur coup, les présages n'annonçaient que l'usurpation de l'étranger, la division du territoire, l'asservissement de la nation. Mais la légitimité est de retour, et les ennemis sacrifient les espoirs de la vengeance; les esclaves sont appelés aux faveurs de la liberté.

Ces souvenirs doivent être chaque jour rappelés, au moins tant que l'ingratitude et l'ambition tenteront d'en recouvrir la trace ou d'en défigurer l'image.

Du refus des subsides, p. 26 (1829).

3. La légitimité royale doit reconnaître qu'il est des légitimités prééminentes et préexistantes, des légitimités de fond, pour parler nettement, par-dessus lesquelles passent et repassent, sans les troubler à peine, ces terribles tempêtes qui bouleversent la surface des sociétés, qui détruisent les formes extérieures; et qu'il ne lui sera donné, étant de nature si délicate, de résister à

la fureur des temps, qu'en s'implantant et poussant des racines jusque dans leurs entrailles.

La Péninsule en tutelle, p. 25 (1828).

II. De Louis-Philippe et de son gouvernement.

1. « Nous avons, dit-on, choisi un roi héréditaire. »

Un roi choisi !... le plus prochain héritier du trône ! le plus riche habitant du royaume ! avait-il donc un seul pair en France ? a-t-il été choisi entre deux êtres seulement ?

Un roi héréditaire !... Cela est décrété ; mais cela sera-t-il accompli dans le temps ? qu'on tire les cartes !

La Vérité politique, p. 19 (1831).

2. Les gouvernements ont totalement oublié leurs attributions essentielles ; ils ne comprennent point leur mission : tout se fait en vue de quelques hommes, et rien en vue des peuples. Alors, que l'on garde Louis-Philippe ou qu'on prenne Napoléon, qu'on évoque la république ou qu'on implore la légitimité, peu importe ! Ce ne sont que des formes qui, l'une comme l'autre, ont déjà péri, et périront encore, tant que le fond, le cœur de la société, aujourd'hui dégénéré et pourri, ne recevra point une nouvelle vie par la réforme des lois et des mœurs.

Exposé de la ligne politique, p. 92 (1835).

3. L'Etat est pris pour le Pays, ou plutôt l'Etat est pris pour tout, le Pays pour rien. L'Etat, être fictif, abstrait, lequel ne s'entend, rationnellement parlant, que dans le sens des rapports de la cité avec les citoyens, et des rapports entre les différents peuples. Le Pays, être réel, positif, lequel renferme l'ensemble des existences vivantes et sensibles, à diriger, à protéger par l'Etat.

L'Etat et le pays, p. 3 (1832).

4. « Un trône en l'air ; au-dessous une multitude inquiète » : voilà des paroles à se rappeler. Il faut que la multitude rentre au repos, et que sur le sol rassis, le trône s'implante. Il faut que cette nuée interposée entre le trône et la multitude, soit chassée, repoussée.

Au loin, les cajoleurs de gloire, les souteneurs de renom, les propagateurs d'effroi ! Au loin, les accapareurs du crédit, les amateurs d'emprunt, les agioteurs de cabinet ! Au loin, les propriétaires de haute volée, les manufacturiers du monopole, les riches d'ancienne date, surtout ceux de nouvelle venue !... Que la nuée soit chassée, qui voile à l'œil une multitude inquiète : c'est assez.

En politique, tout l'art est de voir.

A ce compte, Charles restait roi, sauf quelque fatal hasard ; et Philippe devient roi, sauf quelque miracle propice.

L'Etat de guerre dans la société, p. 34 et suiv. (1833).

5. La royauté nouvelle, grâce à la magie du nom, — du nom seul, à la vérité, — ne maintient pas en équilibre, ne soutient pas en sa marche, l'ordre social ; et pourtant le retient en quelque façon, pour un certain temps, sur la pente rapide de déclinaison, et comme au bord du gouffre dévorant.

La Pairie jugée par les pairs, p. 11 (1831).

6. Les rois s'en vont : c'est le prologue de la pièce, dont chaque acte n'est que le développement.

En l'être de roi résident le sceptre de l'autorité, l'égide de la liberté. L'être de roi s'évanouissant, l'autorité est laissée à l'abandon, est saisie par l'un, puis par l'autre, est tournée contre la liberté. Même l'être de roi est successif de sa nature, ne fait qu'un de père en fils ; *et rarement se prête à être enté sur un autre rameau.*

Les rois s'en vont.

La République, p. 9 (1833).

7. Onc ne se perdit un royaume si joyeusement, disait Agnès Sorel. Onc ne se perdit un pouvoir si piteusement, faut-il dire.

La Ligue de salut, p. 12 (1835).

8. Certes, la République ne fera pas mieux ; mais elle sera autre que la monarchie. Il suffit : ne plus vouloir celle-ci, c'est vouloir celle-là.

Qu'on fasse donc tant et tant, qu'il n'y ait point à se plaindre de l'une, et que l'autre n'ait rien à promettre. Qu'on ne laisse point de bien à faire à la République.

La Catastrophe, p. 21 et suiv. (1835).

9. Que la royauté soit loyale, soit libérale : et la République ne sera prônée que par des cerveaux brûlés, ne sera point servie par les bras nus.

Mais la royauté, sans cesse passant de la peur à l'orgueil, est tantôt vaine ou fausse, tantôt ignoble ou inhumaine. La royauté, tour à tour blessant les sentiments, froissant les intérêts, frappe l'homme, et dans sa vie animale, et dans sa vie intellectuelle. La royauté se fait haïr au plus juste titre, au plus haut point, par les puissances morales, par les appétits physiques. Elle se fait mettre au ban de l'humanité. Or, une forme trop connue étant ainsi répudiée, une autre forme encore inconnue est recherchée, est convoitée. La forme ancienne ayant ainsi abdiqué tout ascendant, la forme nouvelle est investie du legs, au moins en espérance. Malencontreux princes! la République est dans vos propres actes, soit en France, soit en Europe.

La République, p. 4 (1833).

III. De la Chambre.

1. Députés du pays, délégués du peuple : innocents que vous êtes, à l'aide de phrases tournées et retournées, de chiffres groupés et dégroupés, on vous entraîne à manquer au devoir, à mésuser du pouvoir, à violer les droits, à spolier les besoins... Et le système représentatif conquis au plus haut prix, propice qu'il avait à être, vous le faites funeste ; attachant qu'il avait à devenir, vous le rendez répugnant. *Et d'abord, la République ou l'anarchie, bientôt le despotisme et la tyrannie,* vous en êtes non les fauteurs de volonté, mais les auteurs de nécessité. *Et par là même où vous êtes coupables, par là aussi vous serez punis.*

Le Cabinet et la Chambre, p. 2 (1835).

2. Représentants, mandataires, députés, peu importe le titre, telle est la loi de vos consciences, s'il plaît au Ciel, et, à défaut, de vos destinées.

A faire votre devoir, vous régnez sans péril ; à ne faire que votre affaire, vous périssez tôt ou tard.

De l'OEuvre sociale, p. 34 et suiv. (1834).

IV. De la pairie.

1. La pairie n'est plus ; et parce qu'elle surgit d'un principe maintenant répudié, et parce qu'elle

s'appuyait sur un système maintenant écroulé. La pairie n'est plus, parce qu'elle ne s'est point mêlée de la révolution, parce qu'elle n'est point adaptée à la révolution.

A la Chambre des pairs, III, p. 25, (1831).

2. Le siècle est dévorant. Les illustrations de l'antique monarchie, non certes, sans qu'il y ait de leur faute, et par conséquent sans qu'il reste quelque remède, se sont obscurcies, se sont éteintes. Les glorieuses notabilités de l'Empire, car il n'y a pas à parler des honteuses notoriétés de l'époque antérieure, ont pâli, ont passé, à ne plus jeter qu'un reflet équivoque. Les réputations de la royauté nouvelle, ressuscitées de la monarchie et de l'Empire, ou créées pendant la Restauration, assez rares d'ailleurs, ont été limées, usées, à ne plus dépasser le niveau commun. Que dire des renommées fantastiques, ou plutôt fantasmagoriques, qui soudain viennent à planer comme sur nos têtes, et soudain vont s'enfuir sous les ténèbres éternelles ?

La Chambre inamovible, p. 25 (1831).

V. Des partis.

1. La fausse mère du jugement de Salomon, qui préfère voir l'enfant partagé par le sabre, plutôt qu'il ne soit remis à la mère véritable. Les

matelots grossiers d'un vaisseau démâté, qui de
ses débris se font une arme pour se battre entre
eux, plutôt qu'une aide pour se sauver tous. Telle
est l'image parlante de tous les partis.

La Crise sociale, p. 18 (1833).

2. Les partis diffèrent à peine, tant l'esprit du
siècle s'inocule à l'insu, se propage en silence. Qui
n'est pas révolutionnaire d'opinions est néan-
moins révolutionnaire de mœurs. Bien que poli-
tiquement on se tienne à l'extrême, moralement
on se retrouve au niveau. Ici et là, à peu près de
même, il n'apparaît ni tendresse et révérence en
famille, ni dévouement et fidélité entre amis, ni
gratitude et compatissance[1] envers personne, ni
délicatesse et loyauté dans les rapports, ni respect
au mérite, au malheur, seuls titres véritables.

La Crise sociale, p. 21 et suiv. (1833).

3. Libéraux encroûtés, royalistes infatués, ministériels aveuglés, républicains exaltés, ont passé
et passeront par le pouvoir, sans tenir compte du
pays qui leur donna naissance... Loin de là, aussitôt installée en place, revêtue de force, chaque

[1] Le mot *compassion* sert à exprimer ce sentiment passager
qu'on éprouve à la vue d'un être qui souffre. Le mot *compatissance* exprimerait on ne peut mieux l'état fixe et permanent
d'une âme disposée à la compassion ou compatissante. L'invention de ce mot fait honneur à l'esprit et au cœur de M. de
la Gervaisais.

coterie se dit la nation tout entière, se fait l'état à elle seule... Loin de là, soit dans la lutte des partis, soit après la victoire d'un parti, par contre-coup ou par calcul, rien ne se rencontre ou ne se complote, qui ne manque à nuire au peuple, c'est-à-dire à la presque totalité de la population mûrissant richesse, moissonnant souffrance.

La Forfaiture, p. 9 (1835).

VI. Du parti Orléaniste.

1. Tristes gens ! Le temps les servait à souhait ; le fruit, non sans passer par des phases diverses, mûrissait à coup sûr et leur tombait dans la main, lorsqu'ils l'ont arraché avec violence, ébranlant l'arbre jusqu'en ses racines. Grâce à leurs soins assidus, l'autorité personnelle a été mise à nu, mise à bas ; et alors qu'elle est tombée dans la boue, la voyant à leur portée, ils tentent de la saisir ; et après qu'elle est foulée sous les pieds, ils avancent la main, s'imaginant la relever, la rétablir. Non, jamais ! L'autorité est morte, l'autorité ne sera pas ressuscitée par ceux-là qui l'ont tuée. Non jamais ! La royauté, l'aristocratie, l'une et l'autre antique ; celle-là essentiellement tutélaire, celle-ci accidentellement propice, se sont évanouies ; l'oligarchie ou doctrinaire, ou courtisanne, ou agioteuse, ne viendront pas à hériter

d'elles. Qu'on cherche ailleurs des moyens d'ordre, des éléments de calme.

La Pairie jugée par les pairs, p. 22 et suiv. (1831).

2. Pourquoi cette dynastie toujours bénigne, souvent glorieuse, qu'il n'y avait moyen de haïr, ni motif de craindre, a-t-elle été emportée d'un coup de vent? C'est qu'il n'existait point de royalistes, qu'il n'existait que des aristocrates, entre lesquels la différence est ceci, que le trône est pris pour autel par les uns, est pris pour escabeau par les autres.

Pourquoi la branche cadette, moins en titre et de source et de date, sera-t-elle abattue au premier souffle? C'est qu'autour d'elle se range et se serre l'oligarchie du jour, vaine parodiste de l'aristocratie des siècles : à son exemple, inspirant au prince une confiance démesurée, obtenant du prince des faveurs exorbitantes.

_ *La République,* p. 21 (1833).

VII. Aux Légitimistes.

1. Arrière les pensées égoïstes, même les sentiments généreux ! Il y aura assez de troubles, sans que la volonté de l'homme vienne se joindre à la fatalité des choses. Même, il y a assez de chances éventuelles, sans qu'il faille y ajouter des chances intempestives.

Qu'on laisse aller : si le mécanisme social est établi sous un mode impossible, il faudra bien revenir aux anciens rouages. Qu'on aide à faire aller : quelle que soit l'influence exercée , elle échouera à soutenir ce qui ne saurait tenir. Et la conscience n'aura pas à se reprocher d'avoir agi à l'encontre de l'arrêt des destins, toujours ignoré.

Ce point domine et doit rallier de tous les bords, qu'il importe de sauver la société de la dissolution.

Un monarque perdu, c'est un grand mal. Une monarchie perdue, ce serait pis encore. Une société perdue, ce serait tout.

La Loi des circonstances, p. 17 (Déc. 1830).

2. La vraie politique ne tente point de perdre ses adversaires ; elle se borne à les laisser se perdre eux-mêmes : là, ayant trop de risques à courir; ici, étant servie par tant de chances...

Qui ne voit comment la cause royale a été compromise, a été perdue, à jamais peut-être, par l'avidité et la vanité, par l'immoralité et la déloyauté de ses souteneurs ostensibles? Qui ne voit comment, absorbés au soin de flatter les passions du parti, ils ont irrité les passions du parti adverse? De leur part, il y a sottise et forfait. Sottise de prétendre fonder la royauté, sur les ruines de la société. Forfait de briser les liens de la société, dans l'espoir du retour de la royauté.

La Crise sociale, p. 24 et suiv. (1833).

3. Noble race, fille des Gaules et mère de la France, dont la couronne fut brisée par le fait de soi-disants amis ; noble race, tu leur pardonnes, de même qu'à tes ennemis, à l'exemple du martyr de bonté, du héros de vertu. Tu pardonnes à ceux qui se rendirent coupables d'avoir exposé le trône aux haines et excité contre le trône les violences, d'avoir écrasé le trône sous le poids de leurs hautaines et cupides prétentions. Mais tu ne pardonnes pas à ceux, les mêmes justement, qui se rendent criminels, à ce point, de saper les bases, de trancher les liens de l'ordre social ; dans cette vue à la fois fausse en droit et en fait, de parvenir à travers le chaos, à la restauration du trône, de nouveau consacré à leur égoïste culte...

Noble race, si la France n'est plus à toi, encore tu es à la France. C'est te servir, que servir la France ; c'est peut-être te sauver, que sauver la France.

La Raison des temps, p. 2 (1836).

VIII. Aux Républicains.

1. Détrônez les rois ; installez des républiques ; abolissez le droit de succession ; établissez le par-

tage des terres,... Honneur et gloire à vous ! toutefois au cas que vous parveniez ainsi à rendre le peuple tout à fait heureux, ou seulement plus heureux.

Mais si vous vous insurgez contre le pouvoir, et si vous le jetez à bas, si vous vous mettez en son lieu, en laissant le peuple encore plus malheureux, alors honte et horreur à vous ! alors risque et péril pour vous ! N'importe le titre, le motif, plausible ou non, toujours est-il que vous n'avez révolutionné qu'en vue de vous-mêmes, sans prendre souci ni des chances encourues par l'Etat, ni des désastres infligés à ses membres.

Les Besoins et les Droits, p. 9 et suiv. (1832).

2. Et maintenant, qu'on travaille donc dans la seule vue de la liberté, au lieu de se consacrer aux soins, aux devoirs de l'humanité : comme s'il n'était pas bon de donner la vie aux corps, avant de prêter la vie aux esprits ! comme si les droits, ainsi jetés à la tête, s'ils venaient par malheur à être saisis, ne devaient pas être employés soudain à ravir de vive force la pâture des besoins !....

Allez! mais ne vous dites pas les amis du peuple.

Allez! vous n'êtes plus, sauf que la folie vous

possède , que des aspirants à l'usurpation , que des prétendants à l'envahissement de tous les droits, à l'accaparement de tous les pouvoirs.

Allez! peut-être supplanterez-vous vos rivaux : peut-être dominerez-vous après eux : mais avec aussi peu de chance; mais avec plus de honte encore.

Les Besoins et les Droits, p. 16 et suiv, (1832).

IX. Où vont tous les partis.

Tous les partis sont unanimes à promettre au peuple la liberté, l'égalité ; il n'y a là que du vent. Ce qu'on veut, c'est le pouvoir ; on le cherche par la violence , par la fraude surtout ; chaque parti se dit : la fin justifie les moyens. Royalistes, impérialistes, républicains, ministériels, allez donc, marchez ! Vous vous rencontrerez tous à ce terme fatal : la subversion de l'ordre social.

Exposé de la Ligne politique, p. 93 (1835).

X. Des journaux.

1. Les journaux ! étrange institution par laquelle il est trop prouvé que des plus petites causes résultent les plus grands effets.

Des Journaux (suite), p. 7 (1827).

2. Deux points sont communs à tous les partis : l'hébétement des esprits ; la dégénérescence des

âmes. Le monopole des journaux s'est fait maître des pauvres têtes de France.

Il n'est plus d'opinion privée ; chacun attendant la feuille quotidienne , pour connaître s'il eut raison hier , pour apprendre comment il aura raison demain. Il n'est plus d'opinion publique; tout journal la simulant à sa guise , l'étouffant sous son influence. *Le journal l'a dit :* au delà, en deçà de cette parole sans cesse rabâchée, on ne rencontre plus ni signe ni présage d'intellectualité.

Seulement le journalisme est tenu à réveiller l'esprit assoupi, à flatter le cœur corrompu. Ainsi exerçant l'empire au détriment de la politique, et conservant l'empire aux dépens de la morale.

La Crise sociale, p. 21 et suiv. (1833).

3. L'homme aspire à être mené : et les journaux le mènent au jour le jour ; les livres le mènent d'année en année.

Au sujet de ces deux outils appliqués à façonner l'opinion, le pouvoir, qui ne les tient pas en sa main, a le double tort, quant à l'un, de se borner à l'empêcher de faire quelque mal, sans lui permettre de faire quelque bien ; et quant à l'autre, de ne songer qu'à soustraire le présent à son influence, non sans avoir appris que ses destins sont de disposer de l'avenir.

D'où il arrive, à l'égard des journaux , que les voies sont ouvertes au poison et fermées à l'antidote; à l'égard des livres , que leurs effets successifs, progressifs, s'amoncèlent sous l'ombre, de façon à produire tôt ou tard une explosion terrible , une subite révolution [1].

La Société possible, p. 24 (1835).

4. Qui donc ne rougit pas pour le passé, ne frémit pas, quant à l'avenir, de l'empire exercé par quelques feuilles ?

Qui donc ne s'aperçoit pas que c'est cet empire même, dont l'influence occulte empêche l'établissement de la liberté plénière ?...

Le pouvoir de la presse est parvenu au plus haut degré. Après avoir défait et refait un roi , une charte, comment faire plus ou mieux ?

La Loi des circonstances, p. 27 et suiv. (Déc. 1830).

5. La tribune, la presse ne parlent que d'honneur, de gloire : noble mobile qui enlève, noble fin qui repose. Aux uns , le prix ; à d'autres, les frais. Qu'on ne croie pas que leurs coryphées, fermant la bouche ou jetant la plume, aillent prendre le mousquet et braver le feu, et saluer la mort. Faites plutôt l'expérience : poussez-les dans les rangs, mettez-les en tête des colonnes. S'il se

---

[1] Qu'aurait dit M. de la Gervaisais s'il eût assez vécu pour voir l'époque où l'on devait mettre des livres (et quels livres!) dans les journaux !

tire un coup de fusil, s'il se creuse une tombe,
que ce soit pour eux. Aussitôt nos héros aviseront:
ce n'était point leur compte ! Dans les champs
comme dans les rues, ils entendaient seulement
faire battre et laisser tuer ces hommes de peine,
ces êtres en sous-ordre.

Un tel trait manquait encore pour mettre en
lumière, pour élever aux nues le grand siècle :
qu'autant on est généreux du sang étranger, autant on est avare de son propre sang.

La Vérité diplomatique, p. 7 et suiv. (1831):

6. Journalisme, journalisme ! les temps volent,
ton heure approche ; sous peu, tu auras vécu. Il
sera compris enfin que tu simules l'opinion au
lieu de la représenter ; que tu l'égares au lieu de
l'éclairer ; que tu l'étouffes avant qu'elle perce
au jour, ou que tu l'éteins aussitôt qu'elle commence à poindre.

La Captive (suite), p. 7 (1833).

XI. Les puissances sociales suicides.

Le pouvoir tue le pouvoir, la Chambre tue la
Chambre, la presse tue la presse , le jury tue le
jury.

De l'OEuvre sociale, p. 24 (1834).

XII. Nécessité probable du despotisme.

Sauf le changement presque miraculeux des cœurs et des têtes, tout pouvoir est apte à supplanter le précédent, nul pouvoir n'est capable de se garantir contre la revanche bien naturelle ; et à voir de haut, à voir au loin, en dépit de tel et tel droit, prôné de part et d'autre, au titre irréfragable d'absolu, il apparaît que la société ne rentrera en repos, ne reprendra l'aplomb, que sous le poids d'un sceptre d'airain.

La Société à l'état de paix, p. 13 (1834).

XIII. De la volonté de la France.

La France voulait ce qu'elle avait, veut ce qu'elle a, voudra ce qu'elle aura.

La Loi des circonstances, p. 5 (Décembre 1830).

CHAPITRE III.

I. Symptômes et causes d'une révolution sociale en France. — II. Etat critique de l'Europe. — III. Ce qu'il faut entendre ou périr.

I. Symptômes et causes d'une révolution sociale en France.

1. Au fait, au fond, qu'y a-t-il donc?

Il y a que l'être social penche vers le déclin, touche au terme fatal.

Quel siècle où, depuis les femmelettes jusqu'aux grands hommes, tous sont las de l'existence présente, parce qu'ils ne l'entendent pas ; las d'eux-mêmes, parce qu'ils ne s'estiment plus ; las des autres, parce que les autres leur ressemblent ; portant ainsi le présage certain, donnant le dernier signal que les temps sont à la veille de s'accomplir, et que la société, enfin parvenue au point extrême de débilité dans les esprits, de déloyauté dans les cœurs, va se rompre, se briser, se dissoudre, à travers une épouvantable catastrophe, pour être recréée sous des formes jusqu'alors inouïes, sous un type tout à fait étranger !

De la Septennalité (1824), cité dans la *Vérité diplomatique*, p. 2 (1831).

2. La famille voit rompre ses liens, jusque-là trop serrés peut-être par la loi, mais le plus souvent relâchés par l'amour : fait inouï et inconnu encore ! dont la première conséquence est, qu'ainsi dégagé de l'autorité naturelle, on se délivre *à fortiori* de toute autorité religieuse et politique : dont la seconde conséquence est, que chaque génération, à la période de cinq années, s'indigne du joug, et s'insurge dans le sens d'idées de plus en plus *avancées*, suivant l'argot banal ; bientôt

avancées par delà les limites du sol social, avancées jusqu'aux pentes de l'abîme qui le borne.

La Société à l'état de paix, p. 14 (1834).

3. Tout s'en va : rien ne revient. L'instinct et
la routine, guides naturels de l'homme, sont
étouffés ou brisés , l'un par la fougue des passions,
l'autre par la rupture des relations. Esprit public,
principes moraux, sentiments humains, habitudes
de famille, respect de l'autorité, etc.,.. Juste
emploi des sens, droit usage des facultés , réveil
de la mémoire, examen de l'esprit, arrêt de la
raison, etc..., tout court se jeter, s'enfouir à
jamais dans l'abîme sans fond , sans bords.

La Société à l'état de paix, p. 10 (1834).

4. La nécessité le veut, que le monde entraîne
l'homme. La fatalité le veut, que l'homme pousse
le monde. A ce double titre, tout se perd , tout
est perdu.

Et que nul parti ne se targue d'être quitte de
reproche, d'être sauf de conscience.

Certes, cette révolution de Juillet, faite sans le
savoir, dont auraient à se repentir, plutôt qu'à
se féliciter, ceux qui frayèrent les voies, dont
auraient à rougir plutôt qu'à se glorifier ceux
qu'emporte le mouvement, n'a pas manqué de
hâter l'époque, d'aggraver le mode de la catastrophe finale.

(*La Raison des temps*, p. 10 (1836).

5. L'impulsion a été donnée en 1789 et re-
donnée en 1830. Une fois mise en branle, la
machine humaine fait quelque courte pause, et
bientôt reprend, et toujours poursuit son mouvement, jusqu'au point d'arrêt de l'abîme.

Que sont devenus le clergé et la noblesse, les
Etats et les Parlements, promoteurs de la première révolution; y compris leur existence politique, civile et morale, bien qu'elle fût enraci-
née au cours des siècles? Que deviendront les
génies de la doctrine, les gens de robe et de banque
et de fabrique, provocateurs de la seconde révolution; avec leur existence de fraîche date et de
titre véreux, qui fut posée par le sort sur les sables
mouvants? Le fleuve d'oubli les entraînera pêle-
mêle.

Insensés, et les uns et les autres se disaient :
Nous irons jusque-là, pas plus loin. En effet, ils
n'ont été ou n'iront pas plus loin; car au terme
fatal, d'autres leur succèdent ou les supplantent,
qui vont aussi jusque-là, et pas plus loin; attendant à être débusqués, devancés en la même
façon.

Et déjà dans les flancs du temps le dénoûment
final est conçu, prêt à naître à la première occasion propice. Et jamais le temps n'avorte. Seulement, il accouche par un travail lent et doux; ou

bien il jette au jour le fruit nourri dans ses entrailles, au milieu des plus horribles convulsions.

Ici, point de curatif, à peine des palliatifs.
Même le pouvoir en y portant tout son art, en ne
ménageant point sa peine, ne peut guère se promettre d'appliquer aucun remède efficace. Tandis
que dans le sens inverse, ses mouvements déré-
glés, désordonnés ne manquent pas d'accélérer
et d'aggraver la crise.

Or, c'est ce qui arrive. On fait si bien, que de
donner en risée, et aux Français et aux étrangers,
là le système représentatif, ici le caractère national... Ainsi tout va *cahin-caha*, pour se servir
de la seule expression sortable. Tout va, jusqu'à
ce qu'il apparaisse quoi que ce soit, autre que ce
qui est.

Et cependant, chez l'inexpérience de l'âge,
parmi la malaisance de la vie, s'implante et grandit
l'esprit anarchique; en même temps que la maturité et la médiocrité moins besoigneuses, moins
aventureuses, se lassent et tombent dans l'état
apathique. Tellement que *le problème de l'avenir
n'est plus susceptible que de l'une ou de l'autre de
ces solutions* : SAVOIR, QUE LE DESPOTISME ADVIENNE
AVANT, OU SURVIENNE APRÈS LA CRISE DE BRUTALISME,
DE VANDALISME, DE SUBVERSION SOCIALE.

Heureux encore, si c'était que son avénement

dût précéder et prévenir la déplorable, la formidable catastrophe !

Mais comment y porter foi, y prendre repos?
comment s'attendre que tous les partis, qui ne
comprennent pas la récente leçon, qui de même
suivent les droites voies de l'abîme, s'éclairent,
et s'effrayent, et s'arrêtent à temps?

Le Pouvoir et le droit, p. 36 et suiv. (1832).

6. Pour l'être social, les conditions de vie,
les nécessités d'existence sont de deux sortes, toujours en concurrence, tour à tour en prééminence.
Il y a le principe politique ou idéal, le principe
économique ou matériel ; celui-là qui apparaît à
peine, soit dans les premiers jours, soit dans les
derniers rangs de la société ;... celui-ci qui existe
seul, à l'origine des choses, dans la profondeur
des masses...

Cependant le principe idéal transmet son influence, à raison du développement de l'intelligence humaine, de degré en degré, dans la hié-
rarchie sociale : partant du rang le plus voisin de
l'autorité, passant par les classes intermédiaires,
parvenant jusqu'à la masse populaire ; et faisant
route à pas lents pendant les périodes de calme et
de paix ; à pas rapides dans les crises d'agitation,
d'exaltation. En telle sorte qu'à l'extrémité de sa
course, il vient à s'unir, à s'allier au principe

matériel; et qu'ainsi la force absolue se trouve douée de la conscience de ses besoins, de la connaissance de ses moyens.

Epoque sinistre au plus haut degré, attendu que l'emploi des moyens opéré à l'aveugle, développé à l'excès, nuit plutôt qu'il ne sert au contentement des besoins.

Ce n'était rien que la révolte des classes opprimées ou asservies, aux temps de barbarie et de tyrannie; l'esprit vivifiant manquait aux masses soulevées; les armes se montraient capables de réprimer l'action, autant qu'elles se trouvent impuissantes à refouler la pensée. Maintenant, il y aurait plus d'entente dans le mouvement, plus de tendance au ralliement, de manière à propager, à prolonger la crise. Maintenant, l'insurrection subalterne, d'autant plus indomptable, s'emparerait des insignes de la justice, se revêtirait des titres du droit, d'après les errements de l'insurrection supérieure. La force physique, la force morale ainsi ralliées, se soutiendraient mutuellement, surmonteraient toutes les résistances.

La Leçon de justice, de prudence, p. 22 et suiv. (1831).

7. Les lois qui font les mœurs, et les mœurs qui font les lois ont pris pleinement à revers, à rebours, les commandements de la religion, de l'humanité. Les unes et les autres ont fondé, ont

consolidé la tendance de la richesse à l'enrichissement, et de la pauvreté à l'appauvrissement.... Cette basse-cour, où poulets, canards, pigeons se précipitent sur la pitance quotidienne, les grands faisant ample festin, les petits ne goûtant miette : telle est l'image parlante de la prétendue société: Aussi le monde s'en va.

De l'Œuvre sociale, p. 15 et suiv. (1834).

II. État critique de l'Europe.

1. Les rois s'en vont, le monde s'en va, a-t-il été dit : cela est trop certain, si les bêtises des princes rivalisent avec les folies des peuples.

La Vérité diplomatique, p. 88 (1831).

2. Dans notre siècle, il n'y a plus de nations dans le sens des nations de l'autre siècle, dont les poteaux de douane formaient la délimitation et déterminaient la concentration : parmi les êtres éparpillés sur le sol de telles zones géographiques, des sectes hostiles se sont formées, que la répulsion isole au milieu de la société même, que l'attraction rallie, au delà des confins, avec les sectes analogues.

Et par derrière, par-dessous, perce une race encore à l'époque de l'enfance, encore dans l'état d'innocence, qu'enivrera l'esprit du jour, qu'emportera le tourbillon du mouvement.

La Péninsule en tutelle, p. 49 (1828).

3. L'Europe bouillonne en ses entrailles : là, ne se décelant que par des tourbillons de fumée ; ici, laissant percer quelques éclairs de flamme : ailleurs, vomissant un torrent de lave brûlante.

Tantôt la crise est apaisée, est assoupie, pour mieux dire : cédant à l'art ou à la force ; et, dans le repos, s'instruisant de l'art, s'armant de la force.

Tantôt la crise est abandonnée à elle-même, paraissant périlleuse à réduire, et se montrant inepte à s'organiser...

Rien ne finit ; rien ne dure. L'impuissance de dompter la fatalité est tellement sentie, que nul n'aspire à cette fin, ne travaille à l'œuvre. Une pierre du mur tombe, on replâtre le trou avec de la boue ; un pan de mur menace, on le soutient avec quelque étaie pourrie. La vie ne compte que pour deux jours : la veille, dont il reste encore la mémoire ; le lendemain, où se repose l'espérance. De sorte que le surlendemain est privé de défense, si même il n'est exposé par des mesures maladroites.

L'homme a donné sa démission : pleine liberté est laissée au cours vagabond des choses.

A ces traits, il est facile de reconnaître le SI-
NISTRE PRONOSTIC DU SECOND TIERS DE CE SIÈCLE.

La République, p. 6 et suiv. (1833).

III. Ce qu'il faut entendre ou périr.

Pauvres hommes que nous sommes, et les uns
ne valant pas mieux que les autres, et tous de
même, menés, entraînés par la fatalité !... Le tort
n'est pas ici ou là ; il est partout. Le tort n'est
pas d'aujourd'hui ou d'hier ; il est du siècle, du
demi-siècle au moins. Le tort vient du cours des
choses humaines, de la marche du mouvement
social, qui, à certains intervalles, amène une phase
anormale, ouvre une carrière difficultueuse à entrer, aventureuse à parcourir...

C'est ce qu'il faut entendre, ou périr : comme
ont péri d'autres qui n'ont pa su l'entendre.

De l'Œuvre sociale, p. 23 (1834).

TROISIÈME PARTIE.
CONSEILS.

CHAPITRE PREMIER.

I. Urgence d'une réforme morale. — II. Appel aux hommes influents.

I. Urgence d'une réforme morale.

1. Il y eut une révolution affreuse, désastreuse, calamiteuse, de longue date amenée, obligée, et en son cours envenimée, exaspérée par les travers de tête, par les vices de cœur, par l'absence du sens, du sentiment...

Or, ce qu'ont fait nos pères, ne le faisons pas. Furent—ils avides et ambitieux? ne le soyons pas. Furent—ils orgueilleux et hautains? ne le soyons pas. Furent-ils intrigants et flatteurs? ne le soyons pas. En un mot, y avait—il de l'égoïsme partout? maintenant qu'il n'y en ait nulle part... (*Sur la septennalité,* — 1824).

ET VOILA CE QUI NE FUT PAS ENTENDU PAR LES REVENANTS DE 1814 : D'OU VINT LA REVOLUTION POLITIQUE.

ET VOILA CE QUI N'EST PAS ENTENDU PAR LES PAR-

VENUS DE 1830 : D'OU VIENT LA RÉVOLUTION SO-
CIALE.

La Catastrophe, p. 2 (1835).

Dans les fragments réunis sous le titre de *Conseils*,
comme dans ceux qui composent les deux premières
parties de cet ouvrage, on retrouve à chaque instant le
même pressentiment de l'avenir.

2. Soyez justes, soyez sages : c'est tout un. La
loi morale de tous les temps est la loi politique
de nos temps. Jadis la justice parlait seule ; maintenant la prudence parle aussi. Jadis la conscience
dictait le principe ; maintenant l'existence dé-
pend de la pratique.

Les Nécessités de l'époque, p. 14 (Décembre 1830).

3. L'humanité !... En d'autres jours la religion, la morale, la pitié parlaient seules en sa
faveur. En ce jour, le péril commande. Les existences agrandies, en dépit des droits, au détriment
des besoins de la masse, ont à compatir envers
elles-mêmes. Car, au premier choc de cette masse
excitée par l'exemple, par le succès, c'en serait
fait d'elles.

La Leçon de justice, p. 12 (1831).

4. Qu'on soit chrétien : tout gît dans ce seul
mot. Le chrétien voit une âme en chaque homme,
une âme semblable à la sienne. Qu'on soit chrétien, afin de se mettre au niveau de ses semblables, afin de juger des autres d'après soi-même,

afin de faire pour eux comme on voudrait qu'ils fissent pour soi. Qu'on soit chrétien, comme on doit être chrétien, puisque la foi sans les œuvres ne vaut ; c'est-à-dire qu'on soit libéral et philanthrope, ces mots étant pris dans le sens qui leur était donné avant la révolution. Réhabiliter la libéralité pratique, c'est le seul moyen d'étouffer le libéralisme dogmatique ; lequel ravissant à l'autre son noble drapeau, parvient à recruter une masse d'hommes innocents de cœur comme d'esprit.

Deux Lettres à l'auteur des Paroles d'un croyant,
p. **63** et suiv. (1834).

5. La sympathie agit à la façon de cette rosée du ciel qui vient refraîchir la terre, au déclin d'un jour brûlant, et que les premiers rayons du soleil aspirent, restituent à la généreuse atmosphère... Ne s'épand-elle plus d'en haut, elle ne remonte plus d'en bas.

De l'Œuvre sociale, p. 7 (1834).

6. L'homme si bref de durée, si frêle en moyens, à grand'peine s'accorde quelques chances, jamais ne se donne de garanties. N'importe! En ce centième, ce millième d'influence qui lui est laissé à exercer sur le cours des destinées, se rencontrent et tout son devoir, et tout son espoir.

La Leçon de justice, de prudence, p. 18 et suiv. (1831).

II. Appel aux hommes influents.

Hommes de talent, de renom, de pouvoir; le Ciel vous fit à titre d'outils, en vue de ses œuvres: Le Ciel vous lança sur la terre, non pour qu'elle fût foulée du poids de l'orgueil ou déchirée des sillons de la vanité, mais afin de la labourer en droit sens, la préparer à propos, et y semer le germe de vérité, y cueillir la moisson de justice: Hommes de peu de foi ou de zèle, de peu de cœur ou de tête, voyez la terre, voyez le ciel, l'une qui invoque, l'autre qui exige.

La Ligue de salut, p. 18 et suiv. (1835).

CHAPITRE II.

I. Réorganisation des provinces. — II. Paris : son despotisme. Cette ville doit être surveillée.

I. Réorganisation des provinces.

1. Un être qui n'a pas de membres, un tout qui est sans parties, voilà la France.

Du Remaniement de l'impôt, p. 15 (1831).

2. Le sol de la France a été scindé géométriquement, géographiquement, sans considération des rapports et des coutumes, sans observation

quant à l'étendue, à l'importance. Il y a un pays
encore : il n'y a plus de peuple.

C'est un procédé merveilleux, pour servir tour
à tour, et le despotisme, et l'anarchie : nulle force
n'existant pour se défendre contre l'un, et nulle
lumière n'éclairant pour se garantir de l'autre.

Aussi le pouvoir est comme assis sur des sables
mouvants, qu'enlève à l'instant et disperse au
loin le souffle avant-coureur de la tempête.

De l'Opinion, p. 31 (1835).

3. Qu'y a-t-il en France? Rien qu'une poussière d'existences éparses, qu'enlève le souffle
du vent et qui s'amoncèle en tourbillon. Il reste
à fournir des noyaux d'attraction , à former des
centres d'agrégations.

Le sol et le temps ont tracé les provinces : les
mœurs et les usages ont rallié les provinces.
L'univers entier en sent le prix , en tire parti ;
et la France les tient en mépris, en défiance. Là
seulement réside la liberté civile, là liberté réelle,
la liberté générale et constante. De là seulement découle la liberté politique, si souvent enva-
hie, si souvent oppressive...

Qu'on refasse donc les provinces; que les États
provinciaux soient nommés par les cantons ru-
raux , par les communes urbaines. Et qu'ils opè-
rent le choix sous des formes solennelles ; qu'ils

méditent le choix à reprises lointaines ; qu'ils proclament le choix d'une voix haute et forte, des membres à vie ou à temps, du pouvoir conservateur et modérateur.

Sans les provinces point de nation qui sache, qui veuille, qui puisse.

Sans les provinces, *point de pairie, point de monarchie*, POINT DE PATRIE.

Des Mots vides de sens, p. 28 et suiv. (1831).

4. Que les attributions les plus étendues, quant à l'administration et aux contributions, soient conférées aux communes.... Dès lors chaque bourgeois [1] intéressé en sa personne même , dirigera ses choix sur des gens honnêtes et sensés , peut-être sur des gens religieux.

Ici, contre l'équité évidente, contre l'utilité pressante, rien ne combat, sauf l'entraînement de la routine et la tendance au despotisme.

Ayez des communes , et la patrie apparaît. Ayez des provinces, et la patrie naît, grandit, domine.

La Loi des circonstances, p. 40 (Décembre 1830).

5. Sans les provinces point de nation, du moins en ce sens qu'elle ait opinion, volonté, puissance.. Il s'agit d'organiser la patrie...

---

[1] Ou, chaque citoyen. M. de la Gervaisais n'a jamais songé à demander des priviléges pour la bourgeoisie.

Cela sera , cela se fera , mais peut-être à la suite d'affreuses crises , à travers des désastres de toutes sortes....

Le fédéralisme de 1793, qui éleva la bannière des temps futurs , n'attend pour reparaître que l'avénement de causes analogues. Cette fois , il triompherait, la force centrale ayant diminué, la force centrifuge s'étant accrue ; car les lumières en se propageant parviennent à prendre le niveau ; et elles favorisent l'union , concentrent les moyens , dirigent les actes.

Ainsi donc, enfin donc, la patrie, vain mot encore , sera constituée, ou plutôt instituée.

La Chambre inamovible, p. 17 et suiv. (1831).

6. Les provinces ont été détruites , dans la vue de soumettre la France aux mêmes lois bursales, de la réunir en un corps compacte. Ainsi l'ordonnait la leçon des temps passés. Les temps actuels, si différents des anciens, dictent une leçon toute contraire. L'esprit fédératif des pays d'Etat avait montré des abus : l'esprit exclusif de Paris a porté mille fois plus de périls. *En prétendant réduire la France à l'unité, on ne s'est pas aperçu que, sauf le chef-lieu, le pays ne représentait que des zéros.*

La Loi des circonstances, p. 42 (Déc. 1830).

II. Paris: son despotisme. Cette ville doit être surveillée.

1. Paris fait usage de ses droits politiques comme d'une arme à deux fins, renversant d'un coup le gouvernement, écrasant de l'autre la France même. Pendant les crises, maintes fois la révolution y a fait explosion dans les rues; à couvert le sol entier de ses éclats brûlants. Dans l'état de calme toutes les affaires y sont appelées, toutes les places lui sont attribuées. Paris fait masse : la France est brisée, est éparpillée en fragments, en atômes.

La Loi des circonstances, p. 41 (Déc. 1830).

2. Paris, dont les brusques mouvements bouleversent la société, commande d'autant plus la sollicitude. La population industrielle y est démesurée et entassée : une telle masse est privée de jugement, au même point qu'elle est pourvue de puissance. Ici l'art est requis. Les moyens ostensibles n'étant pas applicables, des soins inaperçus sont exigés. Les périls doivent être tournés et non affrontés ; la force perturbatrice doit être minée en secret.

Les Périls du temps, p. 18, *passim* (Décembre 1830).

CHAPITRE III.

I. Dangers de la souveraineté du peuple. — II. Du gouvernement qui convient à la France. — III. Aux Royalistes. — IV. Nécessité du système représentatif, et comment il doit être entendu. — V. Il faut du tact. — VI. Triomphe du bien.

I. Dangers de la souveraineté du peuple.

1. *Tout pour le peuple* : l'humanité, l'équité l'ordonnent. *Rien par le peuple* : la nécessité, la fatalité le défendent. Le peuple est inepte à savoir, à vouloir, à pouvoir. Quand on prétend le faire maître, c'est qu'on entend se faire maître de lui.

Les Besoins et les Droits, p. 3 (1832).

2. Le principe de la souveraineté du peuple, installé à titre de dogme suprême, tourne au despotisme, à la tyrannie. Essentiellement, il est suicide ; subséquemment, il devient légicide, liberticide. Sous son empire, aujourd'hui dévore hier, et demain dévore aujourd'hui, à n'en laisser ni débris ni traces.

Des Mots vides de sens, p. 26 et suiv. (1831).

3. Le dogme de la souveraineté du peuple a été prôné à la tribune, par la presse, dans les lois, a été consacré. Le dogme est attrayant, enivrant, d'autant que nul ne l'entend bien, et qu'ainsi

chacun l'entend comme il lui plaît... Les déve-
loppements naturels mènent à l'abîme... Qu'on
fasse donc de la souveraineté du peuple! Telle sera
la vivacité de rotation du mécanisme social, que
tour à tour, jour par jour, les uns et puis les autres, seront brisés, broyés.

La Loi des circonstances, p. 10 et suiv. (Déc. 1830).

4. A partir du point de la souveraineté du
peuple, la chaîne des déductions les plus syllogis-
tiques, poursuivie d'anneau en anneau, aboutit
au morne règne du dernier survivant.

A la Chambre des pairs, III, p. 5 (1831).

II. Gouvernement qui convient à la France.

1. Il n'y a de salut pour la société qu'en ren-
trant dans les voies providentielles ou naturelles
si l'on veut, et en tout cas essentielles, inhérentes
au caractère de ses membres.

La Société possible, p. 25 (1835).

2. Il faut ou que le doigt suprême ou qu'un
doigt puissant intervienne.

Il faut un Numa.

Il faut un roi à ce peuple, mille fois plus qu'il
ne faut un peuple à ce roi ; voilà le mot.

Premières Ombres de la barbarie, p. 12 et suiv. (1836).

3. En 1814, un écrit avait été conçu sous ce

titre : *Le Prince et le Peuple*; lequel titre aurait seulement à être changé ainsi : *Le Peuple et le Prince.* Tout est dans ces deux mots, et ces deux mots ne font qu'un.

Il y a harmonie préétablie entre le prince et le peuple : l'un et l'autre, qui n'ont point de mal, n'ont que du bien à se faire.

Leurs rapports semblent être assez bien rendus par l'image de la rosée qui, au sein des ténèbres, s'épand du ciel sur la terre, et après l'avoir rafraîchie, fécondée au retour de la lumière, s'exhale de la terre vers le ciel.

Comme le prince lève la dîme sur toutes les récoltes en richesses et en puissance, de l'ordre moral, physique, matériel, aussi le prince propage la semence, protége le labeur, appropriés à les engendrer, à les mûrir. Comme le peuple vit et jouit des récoltes, aussi le peuple offre la dîme, attribuée à les lui garantir. Tel est le contrat social entre les deux parties, le peuple, le prince.

Si le prince n'est parjure, le peuple reste fidèle : si le prince se donne au peuple, le peuple se donne au prince.

La Royauté possible, p. 27 et suiv. (1835).

4. Combien il serait puissant, le prince qui, dans les plans de législation comme dans les actes d'administration, se consacrerait à l'un et l'autre

de ces soins, tantôt de porter aide en ses efforts, tantôt de prêter appui contre les assauts, au peuple !

Un tel prince n'aurait plus à craindre l'opposition de tribune et de presse, qui se sentirait comprimée en ses paroles, ses pensées, ses espérances, et qui, en tout cas, se verrait dépourvue d'influence sur les esprits, sur les cœurs.

Un tel prince n'aurait plus à craindre, ni les insurrections dans les rues, mal accueillies de toute part, étouffées sur le lieu même, ni les conspirations contre sa personne, refoulées en l'âme la plus infernale, par la conscience de l'unanime anathème.

Un tel prince aurait même à espérer, non pas que l'orbite des révolutions fût tranché net en l'un ou l'autre point, mais bien que le mouvement s'affaiblît, que le terme s'éloignât, que la crise s'adoucît.

Un tel prince aurait peut-être à tenter, disons le mot, de se faire maître, despote, et franchement, ouvertement ; en laquelle entreprise, la route serait aplanie, par l'effet du dégoût, du mépris envers les choses, de la haine, de la colère contre les hommes ; et le triomphe serait salué du moins au for intérieur, alors délivré de la crainte incessante des révolutions...

Le roi du peuple enfante un peuple au roi.

La Royauté possible, p. 32 et suiv. (1835).

5. Entre le prince et le peuple, il y a harmonie : car le prince n'est en force que par le peuple, le peuple n'est en calme que par le prince. De l'un à l'autre, telle est la distance, que les sphères réciproques n'ont jamais à se heurter...

De même, soit contre la classe haute en Europe, soit contre la classe moyenne en France, le prince a à s'attacher le peuple, à s'armer du peuple. Que les princes se donnent à l'avance, les peuples se donnent en retour. Et les princes n'ont plus à se défendre à grand risque : même ils ont à dominer sans coup férir. Ils sont faits libres : ils se font maîtres.

Dieu le veuille, si c'est en une telle façon ! Quelques milliers d'hommes s'en plaindront ; plusieurs millions d'hommes s'en réjouiront. Est-ce donc que la société humaine n'a pas pour fin, de dispenser et répartir au mieux le bien-être? Est-ce que jamais ce but a été atteint ou seulement abordé par les révolutions ?

Princes, n'écoutez pas les vains cris ! Le ciel vous absout, la terre vous bénit.

La Raison des temps, p. 29 et suiv. (1836).

6. Au cours de la vie sociale de l'humanité, il

se rencontre des chefs, des rois de genre différent, d'abord installés à l'ordre des hasards, puis confirmés au moyen du succès, enfin consolidés par le poids des habitudes.

En la phase présente, il n'y a qu'une royauté possible. Et ce n'est pas une royauté théocratique, alors qu'au sein des esprits, le néant seul comble l'espace entre le ciel et la terre. Ce n'est pas une royauté aristocratique, alors que, sous le coup des faits, l'abîme a dévoré et les titres et les mérites. Ce n'est pas une royauté démocratique, comme il fut entendu follement en 1791 et 1830, alors que les mœurs se sont perdues, que les lumières n'ont point été acquises.

En ne tenant compte d'aucune de ces formes, toutes diverses et toutes vaines, sous lesquelles la royauté d'ancienne convention n'a jamais été ce qu'elle devait être, il faut que, suivant le mode adapté aux temps, la royauté de nouvelle invention soit ce qu'elle doit être.

La royauté possible est la royauté populaire :

Non certes, à prendre cette expression dans le sens de flatter les passions, d'exciter les tentations, jetant indignement dans l'ivresse et maladroitement s'exposant aux suites ; mais plutôt à la prendre en ce sens de recueillir les vœux mûris, de rechercher les besoins sentis, à l'effet d'accom-

plir ceux-là, de contenter ceux-ci, jusqu'au point
où le devoir cesse, parce que le pouvoir manque...

La nouveauté, l'étrangeté, l'originalité (d'une
telle conduite), à elles seules peut-être, obtien-
draient le succès...

Et voilà que l'étoile des destinées sociales est af-
franchie des perturbations anomales, n'est plus
soumise qu'aux influences régulières, et, non sans
passer par les phases assignées, suit, en son mouvement lentement progressif, la route qui aboutit aux fins éternelles.

La Royauté possible, p. 33 et suiv. (1835).

III. Aux Royalistes.

1. La royauté est disparue [1]. Le cours miraculeux des choses l'amenait, la soutenait.
Que d'art en faux sens, que de soins à rebours il
a fallu pour en avoir la fin ! Les hommes ont tout
gâté, tout perdu !

La royauté reparaîtra-t-elle ? On ignore si la
Providence doit se montrer tellement miséricor-

---

[1] Par ce mot *royauté*, M. de la Gervaisais entend désigner
la royauté légitime. Quant à l'établissement de Juillet, M. de
la Gervaisais ne le tenait point pour une véritable royauté. Il
le regardait comme un gouvernement mixte, de transition, moitié monarchique, moitié républicain, et où la monarchie devait
être, tôt ou tard, infailliblement dévorée par la République.

dieuse, que de pardonner à qui ne se repent. Mais que les hommes n'interviennent pas : ils ont la main trop malheureuse.

La Crise sociale, p. 14 et suiv. (1833).

2. Après que la royauté est perdue, et même pour que la royauté se retrouve, il faut sauver la société. Le temps s'en est allé et n'est pas revenu, d'être royaliste : il n'y a plus qu'à être *socialiste* [1].

Un nouvel état de choses impose une autre règle, appelle un autre titre.

La Crise sociale, p. 16 (1833).

XV. Nécessité du système représentatif, et comment il doit être entendu.

1. La vérité caractéristique du siècle vient à propos en 1831, comme en 1826 : « c'est la monnaie du maréchal de Turenne. » *Ce seul mot établit l'excellence du système représentatif, parce qu'il en démontre la nécessité* [2].

Turenne meurt : le grand homme s'éteint pour ne renaître jamais de ses cendres. Une semblable

---

[1] Ce mot a été souligné par M. de la Gervaisais. Dans la pensée de l'éminent publiciste, le *socialisme* c'est la défense de l'ordre social par la justice.

[2] Ces mots se trouvent soulignés dans le texte de M. de la Gervaisais.

fatalité se rencontre dans la marche progressive de la civilisation : à chaque pas qu'elle fait en avant, on voit s'appauvrir le génie, s'affaiblir le caractère, s'amollir la conscience. Il n'y a plus d'hommes...

Dans cette position, il n'y a d'autres ressources que de fabriquer le pouvoir de toutes pièces, d'appeler et rallier des fractions de force, pour en composer un bloc de puissance.

Des Mots vides de sens, p. 27 et suiv. (1831).

2. Dans le prince, le mobile d'action ; en la masse, le but d'action ; entre deux, les moyens d'action : tel est le seul gouvernement possible.

Premières Ombres de la barbarie, p. 8 (1836).

3. Voici, en sa plus simple expression, le problème social, dont la solution est presque au même point, difficile, nécessaire ; et, en tout cas, ne sera jamais qu'approximative : « Obtenir que la société, bien qu'elle soit faite <i>par</i> les classes moyennes, ne soit pas faite <i>pour</i> elles, et plutôt soit faite <i>contre</i> elles. »

Le problème comporte ces termes ou données : l'élite, le peuple, le prince ; autrement, en se servant des mots usités en politique : les principes de l'aristocratie ou de l'oligarchie, de la démocratie, de l'autocratie.

Dans ces trois termes, le peuple n'est rien quant

à l'action, est tout quant à la direction ; et l'élite
est induite à se comporter au détriment du peuple ; et le prince est tenu à repousser les attaques,
à se charger de la défense.

De là ressort cette évidence trop méconnue
dans le système représentatif, attendu qu'à son
origine on était inappris des périls qu'il entraîne :
que le prince doit être investi non-seulement de
prééminence, mais encore de prépondérance, et
doit ne pas se soumettre à la domination, en apparence constitutionnelle, de l'élite.

La Royauté possible, p. 30 (1835).

V. Il faut du tact.

1. Le monde tel qu'il est, s'en va : il s'en va
vite, tant il vient de loin.

Tout a terme : Commencer d'être, c'est commencer de cesser d'être : venir à la vie, c'est aller à la mort.

Puis le mouvement une fois imprimé s'entre-
tient, s'accélère même, jusqu'à la rencontre d'un
point d'arrêt ; et à défaut, se précipite, se perd
enfin dans l'abîme sans bords.

Que faire ? La main est-elle forte ? qu'on s'a-
vance à l'encontre, qu'on retarde, qu'on retienne,
qu'on amortisse.

La main est-elle faible ? qu'on accoste au contraire, qu'on s'approche, qu'on s'allie, qu'on adoucisse.

La Catastrophe, p. 17 (1835).

2. Il faut détacher de la masse en suspens tels et tels fragments moins réfractaires ; son poids devant être ainsi amoindri.

Il faut se rapprocher d'un pas libre en apparence de la masse en mouvement ; son choc devant être ainsi atténué.

La Catastrophe, p. 17 (1835).

VI. Triomphe du bien.

Il y a de la force dans la vertu ; il y a de l'empire dans l'équité. Le mal a son art, d'abord certain du succès, et bientôt s'usant en efforts, et enfin mis à néant. Le bien a son art, plus lent de marche, et cependant avançant vers le but, et seul se reposant dans le triomphe.

De l'Œuvre sociale, p. 37 (1833).

CHAPITRE IV.

I. De l'ascendant moral.

1. L'expérience et la raison nous crient d'une commune voix que, soit pour emporter la société hors des voies accoutumées et obtenir des effets extraordinaires, soit pour la maintenir sous des règles établies et consolider son état de repos, c'est l'ascendant moral qui a toujours agi, toujours réussi, et non pas l'impulsion ou la répression matérielles... L'une produit les Grecs et les Romains, le Français des croisades et l'Anglais de nos temps, tandis que l'autre façonne des ilotes à Sparte et des esclaves à Rome, le serf de Russie et le nègre de l'Amérique. Qu'on fasse le choix !

Des Mots vides de sens, p. 31 (1831).

2. LOYAUTÉ : LIBÉRALITÉ : Mots sacramentels, en quoi tout réside, de quoi tout dérive. Loyauté, qui donne foi et porte respect, en telle sorte que les promesses garantissent, que les espérances devancent les actes de bien. Libéralité, qui touche

le cœur et calme la tête, de telle façon que de fai
bles douceurs contentent, que des lueurs lointaines reposent. Ainsi le pouvoir parle à l'âme, es
entendu de l'âme, s'épargnant la charge toujours pénible, la chance souvent douteuse, d'avoi
à prendre au corps, à se défendre contre le corps

La Forfaiture, II, p. 10 (1835).

3. Attacher les cœurs par la libéralité ; apaiser les esprits par la loyauté : telle est la tâche d
salut.

De la Compatissance, p. 3 (1834).

II. Organisation de l'armée de l'ordre.

Faire une étude approfondie des moyens d
recruter l'armée active par des enrôlements vo
lontaires et des avantages proportionnés à l'utilit
des soldats... Qu'il n'y ait que des hommes d'élit
à tous égards dans l'armée active, et qu'ils aien
un sort heureux... Contre de tels soldats viendront échouer toutes les intrigues et les violences

Considérations sur les destinées humaines, p. 115 et sui
(Décembre 1830).

Si quelques lecteurs s'étonnaient de voir ce fragmer
sur *l'Organisation de l'armée de l'ordre*, placé immédiate
ment après ceux où M. de la Gervaisais préconise *l'ascet
dant moral*, nous répondrions que ce n'est pas au hasar
ou par inadvertance, mais de propos délibéré, que nou
l'avons mis à cette place. L'institution d'une armé
vouée à la défense de l'ordre nous semble, comme

M. de la Gervaisais, de nécessité absolue pour empêcher l'établissement d'un ascendant qui risquerait de
n'être pas du tout moral.

III. Tout pour la terre.

Tout pour la terre ; tout par la terre. Qu'on lui
accorde tout : car elle rend en plus forte mesure ;
car l'élément de l'œuvre, l'aliment de la vie éma-
nent d'elle. Qu'on en exige tout : car elle paye
avec de moindres frais ; car l'acquit de l'impôt la
préserve des taxes onéreuses. Vauban, Quesnay
avaient raison, en posant la règle générale, à part
les exceptions.

Du Tribut de la terre, p. 34 et suiv. (1834).

IV. Des corporations.

Les jurandes et les maîtrises n'étaient que des
formes ; il reste toujours des gens du même état,
du même métier, qui sont en lutte entre eux, en
guerre avec les autres. On devrait les rassembler
en corps... Le système de corporation apporte ces
avantages capitaux, que les intérêts ralliés nais-
sent à la lumière, reviennent à l'ordre, rentrent
sous la main du pouvoir ; et qu'investis de la force
inhérente à l'alliance, ils sont en état de se défendre contre la tendance monopoliste des grands
établissements, et d'éclairer sur les manœuvres

de falsification de plus en plus excitées par la concurrence.

Les *Périls du temps*, p. 15 (Décembre 1830).

V. De la liberté du commerce.

Chaque peuple est prédestiné, sous les auspices
combinés du sol et du climat, éléments physiques, de l'esprit et du caractère, éléments moraux,
et non sans quelque influence des habitudes ma-
chinales, à produire telle ou telle œuvre. Cette
œuvre est tantôt exclusive à un pays, comme les
vins, tantôt privilégiée en un autre pays, comme
les tissus. L'œuvre issue de nature, soit physique,
soit morale, est seule à provoquer, parce qu'elle
est seule à profiter ; et elle ne peut être provoquée
qu'au moyen de l'échange, avec l'œuvre de même
légitime. Sauf l'exception des produits nécessaires à la subsistance, et peut-être à la défense,
telle est la loi générale.

Et quand la liberté du commerce s'ensuivrait,
qu'y aurait-il à dire ?...

Cependant, il est enjoint de garder la marche
la plus prudente ; car sur le chemin, une foule
d'existences établies dans la bonne foi sont à mé-
nager.

Des Douanes sous le rapport fiscal, p. 9 et suiv. (1831).

VI. De la Rente.

1. Qu'on fonde, car c'est le mot propre, les rentes actuelles ; qu'on les implante, qu'on les enracine dans le sol de la foi, à l'aide des lois. Qu'on les immobilise au titre d'immeubles fictifs, ainsi que cela avait lieu autrefois à l'égard des majorats. Qu'on les investisse, autant que possible, des caractères inhérents à la propriété matérielle. Qu'on les aide à passer en façon de biens de patrimoine, en sorte de fonds d'héritage. Qu'on les fasse aptes à être offertes en gages à court terme, en hypothèques de longue durée, avec délégation des arrérages...

De là, que de choses toutes justes, toutes utiles ! Les rentiers devenus propriétaires. Les provinces se casant aux feuilles du grand-livre, se mettant en contact avec la capitale. Et les fonds oisifs colloqués aussitôt : les dépôts et legs garantis contre toute chance : les caisses d'épargne remplacées avec avantage. Et les mœurs guéries de la plaie de l'agiotage... Et le cours des fonds publics élevé au denier vingt-cinq et plus ; le prix des biens fonds augmenté en la même proportion ; même le taux de l'intérêt commercial, industriel, agricole, peu à peu, de plus en plus, fléchissant.

Du Règlement de la dette, p. 65 et suiv. (1834).

2. La rente est inviolable[1], non pas à titre suprême, et comme par droit divin... non parce que cela devait être ainsi, mais parce que cela ne peut plus être autrement. C'est précisément à cause des menaces, des risques de l'abolition de la rente, que le besoin commun l'appelle et que le besoin privé l'offre à l'impôt. La rente doit se cotiser et contribuer pour les garanties du service de la rente.

Du Règlement de la dette, p. 40 (1834).

VII. Sur qui doit peser l'impôt.

1. Dans l'ordre moral, dans l'ordre politique, il n'y a qu'un principe incontestable, à la fois essentiel et fondamental, permanent et universel il n'y a que le dogme de la valeur de l'homme, duquel dérive tout droit, auquel se rapporte tout devoir. Chrétien ou philosophe, absolutiste ou libéral, il n'importe ! qui le viole, est ou se fait barbare ; qui le viole, fraude la nature, fausse la société.

Les Droits de l'homme dans le vrai sens, p. 17 (1832).

2. La valeur de l'homme !... Que dire sur ce point, en de tels temps, à de telles gens. Ils ont repoussé le Ciel, d'une injurieuse parole[2] ; et la

---

[1] C'est-à-dire, point de remboursement, point de conversion.

[2] M. de la Gervaisais veut parler de l'école libérale et voltairienne, et, si je ne me trompe, il fait allusion au mot célèbre : *la loi doit être athée.*

terre se retire devant leurs humbles suppliques.
Ils ont rompu avec Dieu, et l'homme les répudie. Par
eux le néant a été mis là-haut, et le chaos s'en est
suivi ici-bas. Les premiers, les seuls encore, il leur
a paru qu'un peuple pouvait se passer de religion ;
et que la vie future, propice aux bons, fatale aux
méchants, ne servait en rien... Et maintenant que
faire du malheureux ? Sur la terre point de se-
cours ! Dans le ciel point de recours !

Les Droits de l'homme dans le vrai sens, p. 7 et suiv. (1832)

3. Il y a beaucoup à faire ; mais avec le temps,
et à propos. Sur cette terre brûlée et broyée en
poussière, quelque douce pluie est douée de la pénétrer, de la fertiliser, au lieu qu'un orage violent la dévaste, la déchire en torrents.

Quant à la classe industrielle, il n'est moyen
de lui rendre des mœurs, de lui prêter du sens, de
la rallier à l'ordre public, qu'en restreignant
l'emploi des mécaniques[1], qu'en protégeant le retour de la petite fabrique.... Quant à la classe
agricole, dont les vices et les risques sont fort in-
férieurs, il est urgent de porter l'instruction aux
esprits, d'aider à l'amélioration des terres. C'est

---

[1] Malgré mon respect pour la pensée de M. de la Gervaisais,
j'incline à croire que ces lignes ont été écrites sous l'influence
de quelques circonstances passagères. La date de l'écrit d'où
est tiré ce fragment me semble autoriser cette conjecture.

à la prudence, à la patience **que** cette tâche est recommandée.

Pour l'une et pour l'autre... l'impôt est tenu à épargner le nécessaire de la vie... Où il n'y a que de quoi exister, il n'y a rien ; car il faut être, avant d'avoir.

La Loi des circonstances, p. 73 et suiv. (Décemb. 1830).

4. L'homme est investi à l'instant de sa nais-sance et comme par un titre originel, du droit de vivre : et ce droit inhérent, indélébile, le suit sous toutes les formes de société. Les nécessités de la vie n'entrent point dans la mise du fonds social, ne ressortent point des lois fiscales. La matière imposable n'existe que dans la rente, c'est-à-dire dans le revenu libre et disponible, qui s'établit sous la double déduction des frais consommés dans la production de l'œuvre, et des dépenses obligées pour la reproduction du travail...

La maxime est également capitale, en point de fait et en point de droit : la politique se trouve d'accord avec la morale. Qu'y a-t-il donc contre?.. Rien moins que la niaise routine, la honteuse paresse, la crasse ignorance.

La Vérité économique, p. 36 et suiv. (1831).

5. L'esprit humain qui, dans ses crises de fougue et de furie, attaque, renverse et détruit

tout ce qu'il y a de plus sacré ; lorsqu'il reste ou retourne à l'état de calme, enchaîné par la routine, ou entravé par la paresse, ou empêché par la crainte, ne sait ni voir, ni juger, ni agir : conservant ce qui est, quand même cela ne devrait pas être, et repoussant ce qui doit être, seulement parce que cela n'est pas.

La Vérité économique, p. 48 (1831).

VIII. Aux égoïstes aveugles.

Le monde a vécu : il a vécu d'une vie marquée à terme fixe, rendue au terme final. Il mourra comme le phénix, pour ressusciter, mais sous une toute autre forme.

Or vous, en qui est accomplie cette sorte de sinistre hymen de l'insanité et de l'inhumanité, quand donc verrez-vous, si vous ne sentez rien, que la richesse, la propriété ont à se rédimer du péché originel, à se racheter pour un certain laps de temps. Eh ! grands dieux, hâtez-vous plutôt, versez à pleines mains le montant du prix de rachat ; payez et payez au plus vite la prime d'assurance de vos fortunes... Ainsi, et non autrement, vous obtiendrez quelque ajournement, quelque adoucissement, à l'époque et au mode du terrible passage, du formidable saut, de ce qui est à ce qui sera.

La Société à l'état de paix, p. 25 (1833).

IX. A. l'œuvre !

Sera-t-il toujours vrai que la France peut trouver d'immenses ressources pour réparer ses fautes et se relever de ses catastrophes, mais qu'elle n'en sait pas trouver pour se préserver de ces fautes et de ces catastrophes?

Considérations sur les destinées humaines, p. 224 (Déc. 1830).

On croirait, en lisant ce fragment, que c'est d'hier qu'il est écrit. Mais on voudra bien remarquer la date de la brochure d'où je l'ai emprunté, et peut-être ne verra-t-on pas sans étonnement qu'il est *frappé* au millésime de 1830.

X. Point de retard !

Il est trop tard (dira-t-on).— Eh! s'il est trop tard aujourd'hui, il sera plus tard demain !

De l'Œuvre sociale, p. 28 (1834).

FIN.

TABLE DES MATIÈRES.

———

TROISIÈME PARTIE. — CONSEILS.

FIN DE LA TABLE.

www.ingramcontent.com/pod-product-compliance
Lightning Source LLC
Chambersburg PA
CBHW050007100426

42739CB00011B/2546